金融破綻や貧困を
ビジネスチャンスに変える

黒い
経済白書

猫組長
（菅原潮）

ビジネス社

はじめに

日本では２０２１年11月に入って新型コロナウイルスの感染者数が激減。死者数がゼロを記録する日もある。

こうしたことから「コロナ禍の終息」を考える人が多くいるが、そうした判断は新型コロナウイルスを「疫病」としてしか見ていないからだ。

対する私は新型コロナウイルスを、社会構造を強制的に変換した「暴力」だと捉えている。自然が生み出し中国がばら撒《ま》いた暴力的イノベーションによって、皆さんは新たな世界を生き抜かなければならなくなった。

歴史を考えれば明らかだが暴力には暴力でなければ対抗できない。犯罪という「暴力」から市民を守るのは警察力という「暴力」で、他国の侵略という「暴力」から国家の利益を守るのは軍事力という「暴力」だと考えればわかりやすいだろうか。

ニューノーマルがノーマルになるということは、コロナ禍によってもたらされた新たな社会が持続するということだ。すなわちコロナの「暴力」も持続的に行使され続けるということである。

「暴力」と「経済活動」が連動する時代ということで、私は現在を解説する適任者だと自負している。すでに過去の著作物で、今日の状況を的確に当てていることがそう言い切れる根拠だ。

警察や軍のような暴力が健全であるためには、暴力行使が正しく制御されることが絶対条件だ。すなわち国家が暴力行使の主体ということになる。暴力が暴走しないためには、健全な政治がなければならない。政治を制御できるのは有権者の皆さんだ。

ところが敗戦による傷跡と戦後民主主義教育によって日本人は「国家暴力」を否定する傾向が極めて強くなってしまった。しかしコロナ禍を通じて「暴力」を考えることは有権者の義務になってしまったと、私は考えている。

コロナ禍における社会変容はマネーの世界にも及んでいる。移動制限による対策として大量のマネーが供給され、あふれ出したマネーが株式市場になだれ込んだからだ。その結果、現在の金融市場はバブル状態に陥っている。

その「バブル」を苗床として、「ビットコイン先物ＥＴＦ」や「ＳＤＧｓ」などの「ニュービジネス」が続々と生まれている。

グローバリズムによってサプライチェーンを新興国に移転した。しかし、生産地は変わらず新型コロナウイルス感染拡大のなかにある。そこに米中デカップリングによる新冷戦でサプライチェーンの組み替えが重なった。供給が目詰まりしているなかで、先進国では感染の急激な緩和により経済がV字回復し需要が増大したのだ。

需給バランスの崩壊は部材だけではない。生産物の基本である石油が高騰を続けている。こうした外因による生産コストのプッシュによって、世界全体で深刻なインフレーションが発生している。

インフレを抑制するためには、あふれたマネーを回収する「利上げ」が最も有効だ。しかし基軸通貨「ドル」が回収されれば新興国はさらなる経済ダメージを負い、そのダメージが先進国に跳ね返るというスパイラルに陥る。

現在の金融には「利上げによるインフレ抑制」と「利上げによるショック」を同時に解決しなければならないという、解決不能な課題が突きつけられている。

この難易度の高いミッションの敢行を一段と難しくさせているのが中国で起こった、不動産バブルの崩壊だ。

国家主席の習近平氏が2022年に第3期を迎えるのは確定的だが、すでに第4期を睨《にら》んだ経済政策を始めている。

チャイナ・ショックが世界の金融に影響を与えるリスクが高まるなかで、インフレ抑制政策が実施できるのかも不透明ということになる。先進国とは違って中国では政治が金融を決定することが、不確定要素を幾何級数的に増やしているのだ。

本書ではこのようなコロナ禍で起こった新たな世界情勢を眺めながら、ニューエコノミーの正体に迫った。そこから日本の政治、経済の課題をあぶり出している。

読者の皆さんが本書を通じて「豊かさ」を手に入れることが本書に底流する目的だ。その意味では私流の「富の分配」であり「共同富裕」と言えるだろう。

2021年11月

猫組長こと菅原潮

黒い経済白書

目次

第二章　民主主義と独裁の価値転換

第三章　チャイナ・ショックの引き金を引く債務

第四章　利上げと資源高で世界は一触即発

第五章 暗号資産が「ニューエコノミー」に許された理由

第六章 「実現不可能」をビジネスにする黒い経済界

第七章　健全な暴力に健全な経済は宿る

第一章

アフター・コロナの持続可能な破壊

コロナ禍は終わったのか

コロナ禍中の大統領選による政権交代でアメリカ大統領に就任したジョー・バイデン氏は、2021年8月に米軍をアフガニスタンから完全撤退させた。同月の東京五輪開催に向けてはメディア主導で開催反対のアンチ運動が行われた。翌9月から始まった中国の大手不動産開発企業・恒大集団のデフォルト危機。同月中に日本では菅義偉《すがよしひで》政権が崩壊し、岸田文雄政権が樹立された。

金融の世界ではコロナ禍での経済ショック防衛のため、2020年3月に世界中に大量のドル供給が決定、実行とともにマネーがあふれ出した。その影響で、21年10月時点で世界各国の株式市場はバブルの様相を呈している。

バブルを牽引《けんいん》するアメリカ株式市場の指数「S&P500」は、1941〜1943年における平均株価指数を10として、1957年3月4日にスタンダード&プアーズにより算出されて現在に至る歴史のある株価指数だ。時価総額ベースではアメリカ株式市場の約80%をカバーしているということで、米国株式市場全体の動きを表しているとされている。

S&P500の値動き

出所：Google Finance のデータをもとに作成

アメリカで新型コロナウイルスの感染拡大が本格化する直前には最高値を記録していたが、経済が停滞していたのにもかかわらず、30％も高い水準で推移しているのだ（図「S&P500の値動き」参照）。

そのS&P500は21年8月に上昇、9月中旬からの下落、10月にはアメリカ企業の決算発表の影響で上昇に転じた。

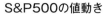

このバブル状態が弾けてコロナ禍以前の株価に戻るのか、あるいはこのまま上昇し続けるのか――この2つの観測の振幅が、相場全体を乱しているのである。

11月現在、原油や天然ガスは上昇を続けている。このことでコストプッシュ（原価の押し上げ）が発生し、インフレが起こっている。これもコロナ禍の影響だが、日本では円安と合わさって深刻な状況になることが懸念されている。

ここまで書いた出来事は後で詳述するが、このように2021年に起こった一連の動きの根底に横たわっているのは「コロナ」だ。

ところが、その一方で世界を揺らす根本原因である「コロナ禍の本質」を誤解している人がほとんどだというのが、私の印象だ。

そこで多くの人が思い描く「コロナの脅威」から考えてみたい。

ワクチン接種率と感染者数減に因果関係はない

アメリカのジョンズ・ホプキンス大学 CSSE（システム科学工学センター）は2020年1月から、世界各国の保健機関やメディアなどから取得した新型コロナウイルスの感染者数を集計し発表している。そのデータによれば日本の新型コロナウイルスの新規感染者数は、2021年8月20日の2万5992人をピークに急速に下がり続けた。10月中旬には、ピーク時の2%を切り、なおも下がり続けている（図「日本の新型コロナウイルス感染者数推移」参照）。

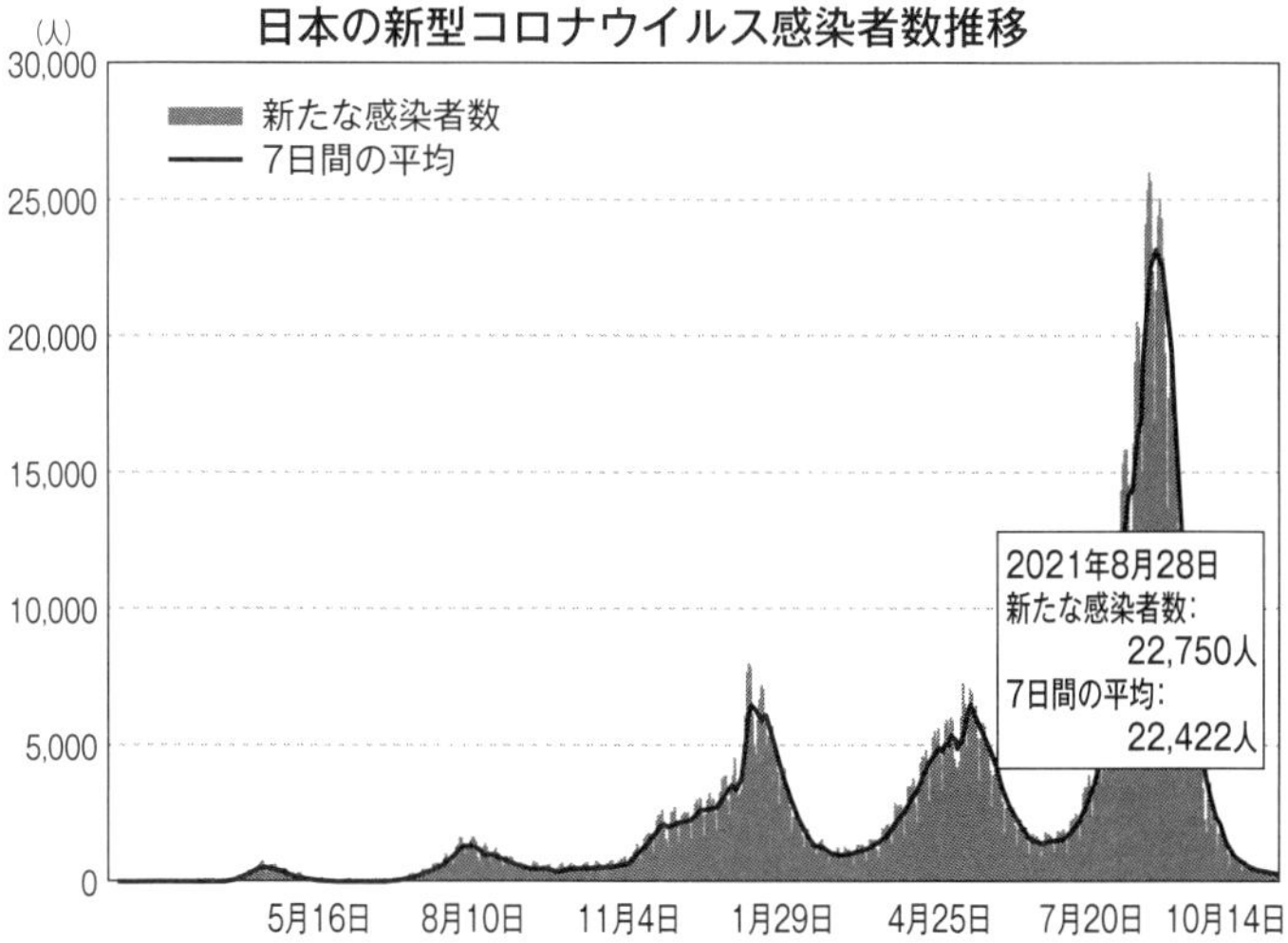

対してワクチンの接種率は上がる一方だ。

イギリスのオックスフォード大学などが共同でデータ化している「Our World in Data」によれば、２０２１年10月16日の日本のワクチン接種数は１・78億回。２回接種率は66・５％と全国民の７割に達しようとしている。

この状況に大阪府では10月24日に飲食店の時短営業や酒類の提供制限を解除。翌25日には東京都も解除した。

こうしたことから「コロナ禍終息」への希望的観測は高まる一方だが、私は強い疑義を覚えている。というのは、この心理を支えているのが「コロナ禍＝疫病」という一面的な評価だからだ。

そこでまずは「疫病」という観点から「コロナ禍」について、いくつかの疑問点を整理しよう。

まず指摘したいのが、ワクチン接種率と感染者の急減の因果関係が、まだ明確になっていない点だ。というのもワクチン接種先進国のイスラエルや、アメリカ、イギリスで再び感染者が増えたからだ。

日本ではファイザー製、モデルナ製、アストラゼネカ製のワクチンが供給されたが、いずれのワクチンも免疫獲得には数週間が必要だ。国立感染症研究所の発表によれば、8月5日時点の国内の接種回数は約9965万回で、1回接種が45・7％、2回はたった32・7％である。

この接種率から考えれば、8月下旬の感染者数の急減とワクチン供給との因果関係の説明がつかないということになる。

2021年8月に向けた感染者数の急増は、感染力の強いデルタ株の蔓延によるものとされている。厚生労働省は供給したワクチンのデルタ株への有効性について、「一定の防御効果を示す可能性があると考えられています」とかなり慎重な姿勢を崩していない。

次に指摘したいのがワクチンの格差問題だ。

日本で供給されたファイザー、モデルナ、アストラゼネカ製のワクチンは2回接種で効果を持つ。ところがデルタ株以降、追加となるブースター接種（3回目接種）の必要性が主張されてきた。21年9月22日にはＦＤＡ（アメリカ食品医薬品局）が、限定的ながらファイザー製のブースター接種を承認。同月24日にはＣＤＣ（アメリカ疾病予防管理センター）が推奨方針を発表した。

ＣＤＣの方針は世界の医療機関の「指針」となる。日本では早くも21年12月からブースター接種開始を予定している。

先進国が国策として積極的にワクチン供給を進める一方で、開発途上国でのワクチン供給は、この時点でも進んでいない状況だ。またファイザー、モデルナ、あるいはイギリスのアストラゼネカ製ワクチンの効力は日々、検証されているが、中国製のワクチンについては実効性が疑問視されている。

手洗いや消毒などの公衆衛生概念も国によって違う。開発途上国でのワクチン供給不足と、製造元による効果差を合わせると、世界全体では新型コロナへの防壁は「まだら」の状態にあるということだ。

まだらの防壁とパンデミック史

一方で新型コロナウイルスの特徴は、変異株が生まれやすい点にある。

世界的に監視が必要とされる変異株には、ギリシャ文字を冠した呼称が用いられるが、21年9月10日には日本国内で18人の「イータ株」の感染者が確認された。イータは7番目だが、この時点では「ミュー（12番目）株」まで発見されている。

防壁の弱い場所で生まれた変異株が、防壁の強い場所に運ばれ、ワクチン接種者に感染するブレイクスルー感染によってパンデミックを引き起こす。あるいは防壁内で新株が生まれる。

これが21年10月現在のパターンである。

冷静な視点と合理的な分析は投資家の宿痾《しゅくあ》だ。その私が愛用するジッポーライターには鉄血宰相、ビスマルクの「愚者は経験に学び、賢者は歴史に学ぶ」という言葉が刻まれている。

その言葉に従って人類とインフルエンザ・パンデミックの近代史を整理しよう。

新型コロナウイルスの感染経路は、インフルエンザ同様に飛沫《ひまつ》、接触、飛沫核となっている。そして人類は20世紀に入って3回、インフルエンザ・パンデミックを経験している。

1回目が1918年のスペインインフルエンザだ。「スペインかぜ」と呼ばれているが、WHOによれば人類の25～30％を死に追いやったという。

その次に確認されているのが、1957年のアジアインフルエンザだ。中国から流行が始まったが、スペインかぜより致死率は低かった。世界で200万人以上が死亡したと推定されている。

3回目は1968年の香港インフルエンザだ。こちらはスペイン、アジアと違い致死率が低かった。全世界で100万人が亡くなったが、これは67年の季節性のインフルエンザより少ない死者数である。

ここから導き出されるのは2つの相反する予測だ。

まず「コロナ禍終息説」を裏付ける根拠となるのは、3回のパンデミックとも約2年間で終息している点だ。特にスペインの時代にはワクチンも未発達で、隔離や移動制限など公衆衛生的な手段に頼るしかなかった。コロナ禍も2年ほどで終息するという可能性を示していて、パンデミックが2020年1月から始まったということで、21年は終息の年ということになる。

変異種が日々生まれている新型コロナウイルスの脅威評価については未確定ではあるが、この感染経路の共通性は、コロナ禍という「疫病」の近未来予測について、ある程度の説得力があるといえるだろう。

コロナは「疫病」か……

次に「コロナ禍継続説」について解説したい。

一方でヒトの移動の高速化と、移動範囲の拡大化は前3回のパンデミックとは比較にならないほど進んでいる。特に1989年の東西冷戦終結、91年のソ連崩壊によって「国境の壁」は低くなる一方だった。それればかりか出入国審査なしに自由に国境を越えることを認める「シェンゲン協定」によって、EU圏内ではヒトの移動の自由が認められている。

特に80年代からの市場への規制をできるだけ緩和する新自由主義の台頭、またインターネットの普及による情報共有の高速化と通信コストの削減によって新興国への投資が積極的に行われた。

このことで「ヒト」は国籍、人種に関係ない「労働力」としてカウントされるようになり、先進国へと送り込まれるようになったのだ。

ウイルスを運ぶのは「ヒト」だ。前述の「まだら」な防壁と合わせれば、前3回のインフルエンザ・パンデミックと同じような期間で、コロナ禍が終息するかどうかは不透明ということになる。

新型コロナウイルスがインフルエンザと同レベルになるためには感染防壁として有効性が担保されたワクチン、治療法と特効薬の開発が必要だ。コロナバブルで株式市場を牽引した「ワクチン銘柄」は、ワクチンの効果に疑問符が付いて以降、株価を動かす材料にはならなくなった。一方で、治療薬の方はマネーを動かしている。

投資家はシビアにワクチンを見限って治療薬への期待がわずかにあるという印象だ。とはいえ製薬メーカーは「決定的解決法」の開発に莫大なマネーを投下している。その事実が「決定的解決法」が未完成ということの証左でもある。

こうして相反する未来予想を突きつけられると、民放ワイドショーの「煽《あお》り」を思い出して辟易《へきえき》する人も多くいるだろう。

もちろん健康への被害に対して恐怖をかき立てられるのは当然のこととして理解できる。その恐怖を利用して、民放のワイドショーは「専門家」と称するコメンテーターを「煽り屋」としてフル活用して「安っぽい煽り」を続けてきたのだ。

その反対側で「楽観論」を煽る人たちも現れた。いわゆる「コロナはたいしたことがない」というロジックだ。恐怖に疲れた人たちは「楽観論」にすがるようになった。

自身の利益のために一般市民の恐怖を利用する手口は、暴力団の強請《ゆす》りと同じにしか私には見えないが、私と「煽り屋」の間には決定的な差がある。

いずれの「煽り屋」も「コロナ禍＝疫病」という観点しか持っていない。疫病に対する「恐怖」という需要があったから、そうした「煽り」がカネになったのだ。

紀元前から周期的に流行した天然痘と「不治の病」とされていた結核、14世紀にヨーロッパの3分の1を死に至らしめたペスト、80年代のエイズ——このように人類は多くの疫病やパンデミックにさらされてきた。人類が滅亡していないのは、死に至る病に打ち勝ってきたからである。

コロナ禍終息の時期が不透明とはいえ、いずれは現在のインフルエンザのような病気になっていくことだけは確定しているということだ。

すなわち悲観論、楽観論いずれの「煽り屋」の主張も一過性ということでもある。

対して、私は新型コロナウイルスの脅威を、社会構造を破壊する「持続可能な暴力」と捉えている。コロナ禍によって行われた社会変革は、今後もさまざまな問題を生み出していくというのが私の主張だ。

したがってコロナ禍は持続性を持っている。

まずは新型コロナウイルスの「暴力性」について解説してみよう。

社会の支柱を破壊

2021年8月3日、帝国データバンクは、同年3月をピークに1860社の企業が倒産したことを発表した。業種別で最も多いのは緊急事態宣言の影響を強く受けた飲食業で、店舗の建築、修繕などを請け負う建築・工事業、ホテル・旅館、食品卸と続く。

まさに「コロナ倒産」ということだ。被害は企業だけではない。

また21年10月17日には日経新聞がNTTタウンページと共同で行った調査結果を発表した。それによると新型コロナウイルス感染拡大以降、全国で、実に4万5000店以上の飲食店が閉鎖しているという。

2021年10月8日には岸田文雄氏が総理就任後初の所信表明演説を行った。約7000文字の演説中、「支援」という言葉が11回も使われている。原稿用紙2枚に1回以上の出現の頻度はコロナ禍の経済的ダメージの深刻さを表している。

だが新型コロナウイルスが破壊したのは「経済」だけだろうか。

それまで通勤することが当たり前だった経済活動は、通勤しないことが前提になった。

通学が前提だった教育も同様だ。21年9月30日に全国で緊急事態宣言が解除されたが、「在宅勤務の継続」か「会社出勤による勤務」かを、従業員に選択させる企業は少なくなかった。

自宅での滞在時間が延びたことで、家族の関係も変容した。帰って寝るだけの「ベッドホーム」から、多くの人が「ステイホーム」となったことで、狭い都市部の住宅から比較的広い郊外の住宅への転居を求める人も多くなった。それに伴って地価に変化が起こっている。

2021年10月には23区内のマンションが飛ぶように売れていることが報じられた。だが売れているのは山手線圏内の都心ではなく、北区、足立区などの東京北部だ。再開発によって広いマンションが入手できるということが原因で、田園都市線や千葉県柏など郊外の住宅地の需要も高まっている。

また地下経済では、他人との直接接触を必要とするキャバクラや風俗など「女性」関連のビジネス規模は凄惨《せいさん》と呼ぶほどの縮小を余儀なくされた。鬱屈《うっくつ》した欲求を接触せずに満たそうという人の欲が噴出した結果、伸びたのがオンライン型の地下カジノである。

こうしたことから考えても、コロナ禍を通じて、それ以前の「社会的ノーマル」が「アブノーマル」になったことは明らかだ。代わって「ニューノーマル」（新常態）は「ノーマル」として固定化されつつある。

すなわち、コロナ禍は経済的な打撃だけではなく、価値観を転換する地殻変動を随所で起こしたということだ。新型コロナウイルスは「人の健康を破壊している」だけではない。コロナ禍の問題の本質は「コロナが社会構造を破壊している」ことなのだというのが私の考えだ。

ここに人々が恐怖しないことが私には不思議でならない。

近代国家は市民が生命、財産、人権などの権利、「自然権」を持っているとしている。市民と国家は、市民は国家に税を支払う代わりに、国家は市民の「自然権」を防衛するという契約関係にある。市民全体の「自然権」を脅かし続けている新型コロナウイルスは、「近代国家」が当たり前に持っていた社会契約を反故《ほご》にしているということだ。

テロや革命を思い浮かべればわかりやすいが、民意とは無関係に社会構造を破壊する「力」こそが「暴力」である。

暴力団が蛇蝎《だかつ》のごとくに忌み嫌われるのも、自らの利益のために暴力を使って市民の自然権を毀損《きそん》するからだ。

すなわち「コロナ」とは、近代国家と市民の間に結ばれた契約という社会システムの原点を破壊する「暴力」ということになる。

言うまでもなく「契約」とは「言葉」によって交わされる。ビジネスの場面では「契約書」、国家と市民においては「憲法」がそれに当たる。

だがその「言葉」をさらに根底で支えるのは「信用」だ。国力が脆弱《ぜいじゃく》な国で犯罪が絶えないのは、国家に対する「信用」が希薄だからだ。「社会システム」を破壊していくコロナは、実は社会の最深部で「信用」を破壊しているのである。

コロナ禍によって変換した構造は持続する。ゆえにコロナ禍のショックは終わらない。

ソーシャル・ディスタンスは「不信の距離」

この「信用破壊」の持つ意味を、私なりに別な角度から解説してみたい。

ヤクザの現役時代の私の移動手段は車で、運転手がいることがほとんどだった。現金を輸送する時にはベンツ。当時はスピード狂で、プライベートの移動は書くことなどとてもできない速度でポルシェを駆っていた。

そんな私が大型二輪の運転免許を取ったのは、2020年10月のことだ。以来生まれてはじめてバイクに乗るようになったのだが、それによって「コロナ禍」の状況を考えさせられることになる。

私のバイクは軽自動車より軽い車体だが、軽より大きなエンジンが搭載され、馬力は軽の2倍以上だ。こう聞くと路上を自由に走れると思うかもしれないが、実際は違う。当たり前だが、バイクはタイヤが2つしかない。路面との摩擦が車の半分しかないので、車に比べれば止まらないし曲がらない。

何より車体が軽量なバイクは路上では何かをはね飛ばすより、常にはねられる側にいる。わずかな力や、緊急回避などの不規則な運動でバランスを崩す。飛び出してきた歩行者や自転車を躱《かわ》そうとして、転倒するのもバイクである。また車体が小さいので速度が遅くみられやすく、右折車との衝突リスクを常に抱えている。高齢ドライバーなどの危険運転が社会問題になっているが、どれだけ交通法規を守っていても、いつ何時、自分より大きな車が襲いかかってくるかもわからない。

すなわちバイクは道路交通という社会の中の圧倒的弱者ということだ。

運転免許を持っている人ならわかると思うが、教習所では他の車に対して「かもしれない運転」をするように教える。「危険が起こることを常に予測しながら運転をしなさい」ということだ。

しかし交通社会の弱者であるバイクは「相手は待たず曲がってくる」「幅寄せしてくる」「飛び出してくる」という「必ず誰かが殺しにくる運転」をしなければ、安全のマージンを確保することができない。

自動車が他の車両を信頼して運転できるのは、衝突してもドライバーを保護する構造の車体、シートベルト、エアバッグで保護されている「安心」があるからだ。ところが裸のバイクは自動車よりも「信用」を喪失し、誰かを疑ったまま運転しなければならない。

コロナ禍は、それまで運転手付きの乗客だった皆さんを、強制的にライダーにしてしまったようなものだ。皆さんは、それ以前の立場から「弱者」へと追いやられてしまったということになる。

では「弱者」とは何か。

健康保険、年金、失業保険といくつもの制度で保護され「安心」している人は、同じ明日が来ることを「信用」している。そうしたセーフティーネットを使い尽くした貧困層は「明日」のことなど考えることはできない。

一般社会の中で弱者は「信用」を喪失しながら生きているということである。

感染者が激増している中、地方では「首都圏在住者は全員感染者」と疑っている人が多く、家族にも「帰郷を控えてほしい」と申し出るようになっていた。電車や飲食店で咳《せき》を1つでもしようものなら、「危険人物」の視線が集まる。

ソーシャル・ディスタンスとは、単に感染を防止するための「物理的な距離」ではなく、「隣人が感染しているだろう」という「不信の距離」である。

前述したようにコロナ終息は不透明なのだから、ソーシャル・ディスタンは終わらない。飲食店の時短営業解除も、コロナ対策が条件となっている。座席の間におかれた、あのもどかしいアクリル板は撤去されずに残り、座席間隔も遠いままだ。

すなわち「不信」は維持されていくということが導き出せるだろう。

「暴力」には「暴力」でしか対抗できない

コロナ禍は人間社会の根底を支える「信用」を持続的に崩壊させる「暴力」だ。

そうした「暴力」に対抗できるのは「暴力」でしかないと私は考えている。

こう聞くと「暴力団出身者のステレオタイプの発想だ」と思う人もいるかも知れない。だが原始時代であろうが、近代であろうが人間が「社会」を形成した瞬間に「暴力」への対抗手段は「暴力」でしかなかったのが現実だ。

第二次世界大戦はドイツ・日本・イタリアの暴力に、アメリカを中心とする連合軍が暴力で対抗した。戦後の冷戦構造では「外交」という対話が国際問題解決の手段だと思われている。だが、その「対話」は、ただの「言葉のゲーム」ではなく、人類を滅ぼすほどの量の「核兵器」を手にしながらの「対話」だった。

その意味で「暴力対暴力」の構図から逃れていない。

実際に2021年5月24日、国連事務総長のアントニオ・グテーレス氏がWHO（世界保健機関）年次総会の冒頭演説で、世界が新型コロナウイルスと「戦争状態にある」として、「戦時の論理をもって対処するように」と呼びかけている。

事実「暴力」を行使した国は、コロナ禍の初期段階で封じ込めに成功している。

近代国家では移動や飲食など「自由の権利」が保障されている。ワクチンを打つかどうかも「自由」だ。しかしイスラエルは接種者のみに移動を許可する「緩やかな私権制限」を行使することで、世界で一番早く国民のほぼ全員にワクチンを供給することに成功した。

そうした「自由」を制限することは「暴力」だ。

優先供給を勝ち取るためイスラエルはファイザー社と、接種者のデータ提供を取り決めている。常時戦争の国状にあってイスラエルのインテリジェンス能力は極めて高い。いくら事前に情報を入手していたとしても、全国民を被験者にするのはやはり暴力といえるだろう。何より健康情報の所有者は当人である。医者や保険会社など、健康情報の提供先を決めるのは所有権を持っている当人のはずだ。

このようにワクチン入手のために多方面で「暴力」が行使されたのだ。

中国、台湾、ニュージーランド、オーストラリアなど、新型コロナ封じ込めに成功した国や地域もあった。明暗を分けたのはやはり「暴力」だ。成功した国は個人情報を国家が管理している。入国制限はもちろん、感染の芽をいち早く摘み取り、スマホの位置情報などを使って強力な移動制限を行うなどピンポイントで「ソフト・マーシャルロー（＝緩やかな戒厳令）」を敷いていたのだ。

日本でも、感染拡大防止の中では政府による緊急事態宣言が発動された。私権制限がないということで「自粛」という形にはなったが、多くの飲食店は「営業の自由」を制限された。やはり「緩慢な国家暴力」が行使されたということになる。

また２０２１年４月の厚生労働省通知によって、トレーニングを受けた歯科医師がワクチン接種を行えるようになった。これまでの医療界の慣例を「国家暴力」が打ち破ったということだ。

コロナ禍で破壊された国家と国民の信用回復のために、日本でも遅まきながら「国家暴力」が行使され始めたことに私は賛成している。

まさに「戦時の論理」だ。

国家暴力にはコントロール機構が必要

新型コロナウイルスだけではなく国家は防衛、経済、市民生活の安全保障のために軍や警察、法による私権制限といった「暴力」を保有している。だが、ここで重要なことは「戦時の論理」にまかせて暴力が暴走しないように「コントロール」するための装置が設けられていなければならない点だ。

そうしなければ国家自身や国家と契約をしている市民が破壊されてしまうからだ。暴力行使においては「公共の福祉」を効率的に満たすことを目的に行使されなければならない。イスラエル市民が国家暴力を受け入れたのも、ワクチン入手という「公共の福祉」があったからだ。

暴力抑止の典型例は軍に対する「シビリアン・コントロール」である。

軍は国家が保有する暴力の中で「最強の暴力」だ。そこで政府は軍事クーデターが起こらないように政府が予算をグリップし、指揮命令系統にも政府が介入できるように法整備されている。だからこそ自国の利益のためには躊躇《ちゅうちょ》なく暴力を行使するアメリカでさえ、核ボタンのスイッチは「軍人」ではなく大統領が管理しているのだ。

1945年に日本で使用されて以来、一度も核兵器は使用されていない。人類を破滅に追い込むほどの強力な暴力を核保有国がコントロールした結果だ。暴力団でさえ日常的に暴力を行使するわけではない。活動の大部分は暴力を背景にした交渉に割かれている。

暴力が暴走すれば、国家の契約相手である市民の「公共の福祉」に大きなダメージを与えるからだ。したがって国家‐国民の契約が未成熟な国では、軍事クーデターが起こりやすいのである。

コロナ禍で行われた「破壊」が持続する以上、「暴力」もまた終わらない。暴力の時代が始まったということだ。

暴走する「表現の自由」

これまでの「暴力」についての解説をまとめれば、

- 「暴力」の行使主体は「国家」でなければならない
- 行使の目的は「公共の福祉」でなければならない
- 「国家暴力」は「コントロール」されなければならない

という3つの条件が揃っていなければならないということになる。暴力行使の主体は

「国家」だが、民主主義において「国家」をコントロールするのは、他ならない有権者の皆さんだ。

ところが戦前への反省や敗戦後の教育もあって、日本人は「暴力」に強烈なアレルギーを持っている。暴力行使どころか、暴力保有に対してさえも無自覚に「反対」をするから深刻だ。

暴力に対する認識を改めなければ「国家・暴力・有権者」の「三権分立」が成立しない。そうなれば国家暴力の暴走を許すリスクが高まることになるだろう。

「暴走」を抑止するために絶対必要なのが「言論の自由」すなわち憲法が保障している「表現の自由」であることは言うまでもない。ところが、暴力の時代に絶対必要な「暴力に対する認識」を妨げている、大きな要素こそ「メディア」であると私は考えている。「国家暴力」を抑止するどころか、「表現の自由」が暴走する事態が起こったからだ。

純粋ジャーナリズムなど存在しない

現在のところコロナに対抗する方法は「ワクチン」がメインだ。新型コロナウイルスは「簡単には死なない」がゆえに、社会の医療リソースを食い潰《つぶ》す。ワクチンが重症化を防ぐことは保証されているので、それだけでもワクチンの恩恵はあるということになる。

デルタ株蔓延前、政府はワクチンの早期接種を目指して自衛隊による「大規模接種センター」を設置した。東京都では2021年5月17日から予約が開始された。

ところが同日、この予約システムに「不備」があることを「AERA dot.」(朝日新聞出版)、毎日新聞、「日経クロステック」(日経BP)が報じたのである。

ワクチン接種は各市町村でも行われている。そのため各市町村は対象となる65歳以上の高齢者に、番号付きで接種券を送付。「大規模接種センター」の予約では二重接種を避けるため、送付された接種券番号の入力が必要となっている。

報じられたのは、この二重接種防止システムに「不備」がある点だ。架空の番号を入力しても予約が取れてしまうという。

問題となったのは、その取材手法だ。「検証」と称して、記者など実際に人間を使って予約を取ったのである。

第一の疑義は、この報道が「誰の得になるのか」という点だ。

報道の翌18日、時事通信は7月末までの全高齢者接種を目的に、防衛省側が不備を知りながら速度を優先したことを報じた。また同日、報道を受けた当時の防衛大臣、岸信夫氏は、「虚偽予約を防ぐシステムを短時間で実現するのは困難だった」「防衛省が国民の個人情報を把握するのは適切ではないと判断した」と説明している。

政府側が自発的に不備を公開すれば、不正利用を促進することになる。また防衛省の個人情報取得は、実行不能になるほどの世論をメディアから突きつけられるリスクがある。

つまり「公共の福祉」を目的に、性善説によって大規模接種予約がスタートしたということだ。

第二の疑義は「ジャーナリズム」の在り方にある。5月18日、岸信夫氏は、一連の取材活動を「悪質な行為」とした。これに対して「ジャーナリズムへの圧力」という声が上がった。

この「ジャーナリズム」という言葉を聞くとき、私は眉《まゆ》に唾《つば》をたっぷりつけることにしている。なぜなら「純粋なジャーナリズム」など、ほぼ存在しないからだ。

ジャーナリストらが記事を発表する雑誌、新聞、ウェブメディアの収益の大部分は広告だ。広告費は発信力によって上下するのだから、収益を左右するのが発行部数や閲覧数ということになる。「ジャーナリズム」という言葉を前に「清廉潔白」「社会を検証する公器」というイメージを持つ人も多い。だが、霞《かすみ》を食ってイズムが成立するはずもない。その根底は「部数」「閲覧数」といった、生々しい「コマーシャリズム（商業主義）」という別な「イズム」が支えている構図だ。

動画配信サイト「YouTube」も同様の収益構造となっていて、閲覧率を逆手に取ったのが「迷惑系ユーチューバー」だ。こうした収益構造から考えれば、「不備」をあえて「検証」した行為は「迷惑系ユーチューバー」が閲覧数を上げる手法と同じだと思われても仕方がないということになる。

この収益構造があるからこそメディアは刑事事件や社会問題にでもならない限り、広告主に嚙《か》みつかない。「がんが治る」という健康食品や代替療法などが広告主の場合、逮捕確実になるまで検証記事や批判記事が報じられることはない。

もし「コマーシャリズム」と乖離《かいり》した「純粋ジャーナリズム」が存在するとすればアマチュアの熱意の中だけということになる。ラーメンオタクや美食家のレポートを考えればわかりやすいだろう。

したがってAV女優のファンによる、スポンサーなどおかまいなしの粘着質な欲にまみれた酷評レビューの方が、朝日新聞や毎日新聞の主張する「ジャーナリズム」よりよほど真性のジャーナリズムということになる。

暴力に無知な国民性

そもそもだが日本のメディアの中でも特に「ジャーナリズム」を主張するのがリベラルメディアだ。そうしたリベラルメディアは「暴力」に対して脊髄反射的に「反対」を唱えてきた。「暴力」について考えるという行為さえ放棄した結果、「暴力」に対してあまりにも無知になったとしか、私には思えない。

例えば2015年9月、安倍内閣は集団的自衛権の一部行使を容認する平和安全法制関連2法を成立させたが、この動きに対して朝日新聞、毎日新聞には「徴兵制」「安保」「戦争」の文字が躍った。

だが現在の戦争はマンパワーに頼らない。攻撃の確実性を高めるために使用する武器は複雑化し、戦術も含めて専門家でしか行えなくなった。銃1つとっても使い方やメインテナンス法がバラバラなのだ。アメリカが第三国への軍事支援の中に軍事教練を入れているのも戦術を含めて「専門化」が進んだためだ。

やるメリットがないから、世界で一番戦争を行っているアメリカでも徴兵はしない。また法律1つで「戦争」に向かうような国なら、中国が自衛隊の護衛艦にロックオンすることもなければ、日々、尖閣諸島海域に公船を送り込むようなことはしない。

つまり「徴兵制」「戦争」という言葉を使った反論自体がナンセンスなのだ。暴力の正体を考えたこともない者に、暴力を批判する資格はないのではないか。

2017年6月15日には安倍政権で組織的犯罪処罰法改正案が可決。改正によってテロ集団や暴力団などの組織犯罪集団が、重大な犯罪の計画とそれに基づく準備が行われた場合でも処罰できるようになった。

準備を覚知するためには盗聴などが用いられる。そこでメディアはこの改正案成立を前に「共謀罪」という言葉を使い、あたかもプライバシーが脅かされ誰もが逮捕される可能性がある「暴力的法律」といったトーンで報じ続けたのだ。

詳細は『アンダー・プロトコル』(徳間書店)に書いたが、私は現役時代中東で石油を扱っていた。その時、知らぬ間にAQAP(アラビア半島のアルカイーダ)のマネーロンダリングに利用され、アメリカから銀行ごと没収された。だが、この日本に住んでいて知らぬ間にテロ集団や暴力団と関与することなどあるのだろうか。

だが、もっと私を驚かせたのは法案成立後50%近かった政権支持率が一気に40%を切ったことだ。市民生活に対する安全保障が、ようやく整備されたのにもかかわらず、それに反対するというのだから異常としかいいようがない。

メディアだけではなく、有権者もまた「暴力」に疎いということが露見した一件だと私は考えている。

揺れる世界で生存するために必要な視点

少しだけだが手前味噌を練りたい。

後で詳述するが現在、アメリカを中心にインフレが発生している。その要因はコロナ禍への金融対策として大量のドルを刷ったこと。また脱感染バブルによって急速に需要が伸びたにもかかわらず、生産が追いつかないこと。さらに原油高が起こったからだ。

物価と失業率が同時に上昇する状態は、「スタグフレーション」と呼ばれる深刻な不況だ。中央銀行が抑制しながら物価と所得が同時に上昇する適度なインフレーションは、経済が順調に成長しているという意味でむしろ健全な状態といえる。だが過剰な通貨発行や原油高などの外部要因に押される形の「コストプッシュ・インフレ」は、スタグフレーション発生の要因となる。

実際に80年代以前にはイギリスとアメリカで原油高によるスタグフレーションが発生。その対策のためにサッチャリズム、レーガノミクスという規制緩和を中心とした新自由主義型経済政策が積極的に採られた。

実は私は『ダークサイド投資術　元経済ヤクザが明かす「アフター・コロナ」を生き抜く黒いマネーの流儀』（講談社＋α新書）で、スタグフレーション発生の可能性を指摘している。原稿執筆は2020年4月だったので、金融緩和政策が本格化する以前から今日の状況を導き出していたということだ。

伝えたいことは自慢ではなく、「なぜ私がこれを導き出すことができたのか」という点だ。

私は大学時代に友人と作った投資顧問会社でマネーの世界に参入。バブル崩壊で莫大な借金を背負い、その貸元の1つが暴力団だ。ところが私は「私」を担保にして、借金の帳消しを申し出る。こうして「暴力と株式」のキャリアをスタートさせた。黒いマネタイズは順調だったがある経済事件での逮捕をきっかけに、石油ビジネスに参入。そこで戦略物資と国際金融の実務を経験。前述したように知らぬ間にテロ組織の資金洗浄に加担し、アメリカに銀行ごと凍結された。

このように私の中には安全保障も含めた暴力、国際金融、ドルが支配する戦略物資ビジネスなどの実務経験が蓄積されているということだ。その私がたどり着いた、この世界を示す1つの定義が、

M＝$v

である。すなわち、

「マネー（M）は基軸通貨ドル（$）とv（＝violence　暴力）の関係から生まれる」だ。

すでに『ダークサイド投資術』（講談社＋α新書）執筆時点で、私の中では「新型コロナウイルスが暴力である」というイメージを持っていた。コロナが暴力であり、ドルが大量に発行されたのだから「マネー」が変動するということは、私の導き出した「M＝$v」が成立しているということだ。

こうしてスタグフレーション発生にたどり着いたのである。

ユークリッド幾何学的視点を突破せよ

メディアへの批判を通じて、有権者の皆さんの多くは「暴力」という視点が欠落していることを導き出した。ただしこれは仕方がないことでもある。というのは「1945年の敗戦の反省」に続く戦後民主主義教育によって、徹底的に「暴力」から遠ざけられて生活をしてきたからだ。

ソ連が頻繁に領空接近を続けた東西冷戦構造下で、日米安全保障条約や自衛隊を批判的に捉えるほど「厭〝暴〟世論」は浸透していたのである。

またコロナ禍が「持続的な暴力」であることは解説した。

巨大地震は余震を伴いながらゆっくりと終息する。2011年3月には東日本大震災が発生したが、この未曾有の震災を1985年に発生した阪神・淡路大震災の「余震」とする地震学者もいる。

すなわち「余震」の方が「本震」よりも強力な場合もあるということだ。そして、このロジックは世界を揺らす「巨大暴力」にも当てはまるのである。

第二次世界大戦の終戦をきっかけに米ソは対立する。その影響で朝鮮戦争が起こり、社会主義国化運動が世界に広がる。キューバ革命、ベトナム戦争、ニカラグアでのサンディニスタ革命まですべて第二次世界大戦の余震だ。

1979年12月にはソ連がアフガニスタンに侵攻し親ソ政権が樹立される。対抗したアメリカはムジャ・ヒディーンに軍事支援を行い、ソ連をアフガニスタンから駆逐した。そのムジャ・ヒディーンから派生したアルカイーダが2001年に「9・11同時多発テロ」

でアメリカ本土を攻撃。その反動でイラク戦争、アフガニスタン戦争が発生した。短期的時間軸で見れば個々の戦争は独立して起こったかのように見えるが、中長期的時間軸で見ればすべてが連動していることがわかるだろう。

人間は無自覚に生活をしていると「短期的時間軸の視点」に埋没する性質があると私は考えている。「欲」にまみれた株式トレードはその顕著な例で、日々上下する株価に一喜一憂する投資家がいかに多いことか。少しでも株価が下がれば売り、上がれば買いで結局損失だけが膨らむのが一般投資家のパターンだ。

無自覚な視点の一元化が巨大損失を生むことは理解できるだろう。

ところで皆さんは「ピタゴラスの定理」をご存じだろうか。「三角形の内角の和は180度」という例の定理で、算数の授業で苦しんだ人も多いかもしれない。

実はこの定理が成立するためにはある絶対条件が必要だ。しかもその絶対条件は実現不可能でもある。

というのは球面で考えた場合、三角形の内角の和は180度を超えるからだ。

北極点から南極点を結ぶ直線が「経線」、赤道を基準に東西に平行する直線は「緯線」と呼ばれる。経線と緯線によってできる三角形は赤道に対して直角（90度）で交わるのだから、球面上の三角形の内角の和は180度以上ということになる（図「球面上のピタゴ

球面上のピタゴラス

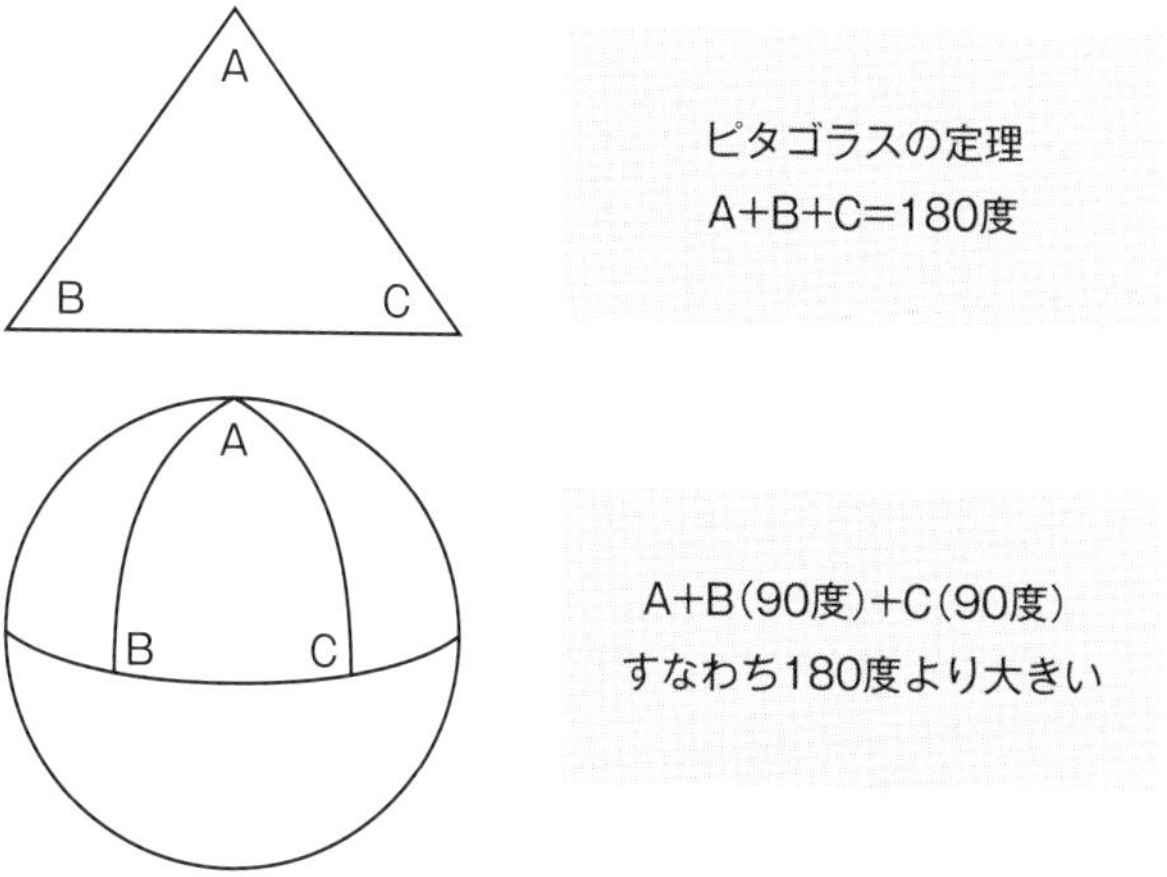

ラス」を参照)。

　別に屁理屈をたれて皆さんを煙に巻こうとしているのではない。幾何学は元々、農地の分割を目的に発展したとされている。すなわち農産物の効率的な生産と管理のための実践的な学問だったということだ。ところが広大な土地を測量すると、なぜか「誤差」が出る。その「誤差」の理由は「地球が丸い」からだ。

　空想の中の2次元で成立する幾何学は「ユークリッド幾何学」と呼ばれるが。対して、私たちが実際に生きる3次元上で成立する幾何学が19世紀に誕生した「非ユークリッド幾何学」だ。

　2次元より3次元の方がより「現実的」ということになる。

「中長期的時間軸」や「地球が丸い」というのは、別な角度からの新たな視点の獲得である。現実に即した合理性を得るためには「新たな視点」を獲得しなければならないということだ。

新型コロナウイルスが暴力であり、コロナ禍が「持続的社会破壊」であることは解説した。ならば「暴力とマネー」の関係を知悉《ちしつ》する私は、皆さんが欠落した「暴力」という新たな視点を提供し、ここから先の時代を解説することができる適任者ではないか。

こう聞いても私が暴力団やマフィアの経済モデルを実社会に当てはめることに違和感を覚える人が少なからずいるが、それこそ大いなる誤認といえるだろう。国家規模の「暴力」を純化したミニマムなモデルこそが、「黒い経済モデル」だからだ。

エジプト、ギリシャ、ローマ、モンゴル帝国に至るまで、人類が「経済」と「社会」を手に入れてから「マネーと暴力」の関係は2000年以上不変だ。

最適の分析者であり、解説者という自負があるからこそ、本書を刊行するにいたったのである。次章からは現在世界で起こっているさまざまな問題を、私なりの視点で分析していきたい。

第二章

民主主義と独裁の価値転換

中国にみる独裁国家の優位性

「戦時の論理」が求められるコロナ禍においては個人の自由を尊重する「自由主義」より、国家が主体となって個人を規制する「全体主義」でなければ問題解決を行えないことは、前述の「国家暴力」の件《くだり》で明らかにした。

コロナ禍が持続的な破壊をもたらすということで、社会における「政治」のウエイトは大きくなる。先進国の合意によって金融緩和が行われ、バブルが起こりコロナ禍での皆さんの生活を支えることになった。これまで政治に対する言及を積極的にはしなかった私が、「政治」を問題視するようになったのは、マネーに対する政治の影響力が強い時代に転換したためだ。

このような状況にあって、「独裁制国家」の優位性が際立つこととなっている。「暴力」から距離を置いてきた多くの日本人にとって特に改められなければならないのは、「中国」に対する評価だ。その脅威に「下駄を履かせ過ぎている過大評価層」と「見下し過ぎている過小評価層」の二極分化が進んで、正当な評価が行われていないと、私は考えている。

前提として私が中国を好意的に捉えていないことだけは強調したい。チベット、ウイグル、香港のように中国に支配されたことで、私の愛する「自由」を奪われることなどまっぴらだ。

一方で現在の中国は14億人を抱える強大なマーケットだ。

人生は「豊か」でなければならないというのが、私の価値観だ。良いレストランで食事をし、良い音楽を聴き、本を読む――これらは生活を豊かにするための投資である。マネーは取り憑《つ》かれて数え続ける対象ではなく、豊かな生活実現のためのツールに過ぎない。中国の巨大マーケットの趨勢《すうせい》は、皆さんのマネーの動きに直結する。したがって冷静で合理的な評価がなされなければならない。

まずは「独裁」の意味から考えていこう。

独裁政治と専制政治は混同されがちだが、独裁政治は少数のグループあるいは一党が政治権力を独占する。一方、専制政治は支配層が民意とは無関係に運営する政治体制で、中世期の王族など血統などによって支配層が決定される政治システムだ。

独裁制は、形式的ではあるが民意によって選ばれる。ドイツのナチス政権は、憲法に基づく選挙によって選ばれたということで「独裁」となる。

ただし「独裁」が持続すると、専制政治に接近することがほとんどだ。その典型例は社会主義国家で、大多数の民意に支持された反体制勢力が「革命」を通じて体制を転換。転換当初は独裁によって国家が運営されるが、時間とともに専制政治に移行するのがパターンだ。金日成《キムイルソン》の血統と軍閥が政治権力を握る北朝鮮、毛沢東《もうたくとう》を初代最高指導者とした中国共産党の係累が支配する中国を見ても明らかだろう。

ロシア（旧ソ連）の場合は崩壊後に民主制に移行したが1999年12月31日に当時の大統領、ボリス・エリツィン氏が健康上の理由でウラジミール・プーチン氏を大統領代行に指名。選挙で支持を受けたことで独裁状態となっている。

独裁制ではトップなど支配層の意思決定が、ダイレクトに市民に伝えられ実行される。「戦時」において求められるのは「迅速な意思決定と実行」なのだから、「コロナ禍」で独裁制が有利なのは当然ということだ。

その実行には「国家暴力」がいかんなく発揮される。

中国は政府が「高速鉄道の安全神話を守る」と決めれば、事故が起こっても埋めてなかったことにした。反政府的な言動をＳＮＳに書き込む者は「逮捕」によって、言論を封殺。「食事を残すな」という全国民への指令によって食糧危機に対応している。

新型コロナウイルス感染拡大初期にはソフトではないロックダウンと移動禁止というリアルなマーシャルロー（戒厳令）を実行し、感染者のいる地域住民にはしつこいほど検査を繰り返した。このことで2020年初頭にはコロナを駆逐し、春には多くの中国市民がノーマスク生活を実現していた。

効果が不透明でも政府が「やれ」と言えばワクチンを製造して供給し、2021年8月には18億回の接種を完了させたという。同月には世界で承認例がないアメリカの製薬会社イノビオ製のDNAワクチンと中国製のワクチンの混合接種の臨床実験開始を承認した。感染力の強いデルタ株にもマーシャルローと検査が行われ、21年10月23日には、北京市内で4人の感染が確認されたことを受けて、3万5000人への検査が実施された。

民主主義の弱点

対する民主主義を端的に表せば「形式の順守」ということになる。「形式」を定義しているのが「法」で、「形式の順守」によって権力が暴走することを抑止している。多くの独裁政治のように前権力者が死ぬ間際に指を指すことで後継者が決まるのではなく、「選挙」を通じて為政者が選ばれる。時の総理大臣でさえも「法」によって逮捕されるのだ。

意思決定も法によって定められた手順に従うということになる。

このように民主主義は合意形成への時間がかかるのだから、わかりやすくいえば「回りくどい」ということになる。

菅義偉氏が総理に就任したのは20年9月16日で所信表明演説が、同年10月26日。しかも解散と選挙によって民意を得ていない。岸田文雄氏は2021年10月4日に総理に就任、その4日後に所信表明演説を行い、同月14日には解散。同年10月30日には衆院選を行い、単独過半数の維持に成功した。

両者を対比すれば形式が重要であること、また、人によっては「回りくどい」ことがますます回りくどくなることがわかるだろう。誰がやっても新型コロナウイルスは防げないのだが、民主主義の構造上の回りくどさに政権の回りくどさが合わさったことで「後手後手」という評価を受け、支持率を下げた菅政権は崩壊したということだ。

菅政権のコロナ対策に批判が集まり、アメリカなどを例に「諸外国と比べて日本は……」という便利な言葉がワイドショーやリベラルメディアで安直に使われることになった。

しかしアメリカには戦時などでは「形式」を飛ばせる「形式」が備わっている。例えば1950年に朝鮮戦争への対応として成立させた国防生産法がそれだ。コロナ禍においては当時、大統領だったドナルド・トランプ氏が発動し、自動車大手のゼネラル・モータースに人工呼吸器を生産させるなどしている。

緊急時の国家暴力行使のための法整備ができている国と、未整備な日本を比較すること自体がナンセンスだ。私権制限も含めて、国家暴力の法整備を否定し続けてきたのは、他ならないリベラルメディアなのだから、メディアによる「後手後手批判」は天に唾する行為とも言えるだろう。

独裁制は民主制に移行する

さて、こうして整理していくと、実は「独裁制」には多数のメリットがあることが理解できるだろう。しかし独裁制を採用している国家は、世界でも圧倒的少数派だ。なぜ「独裁制」は世界の国家体制のスタンダードとならないのか――。

大きな理由の1つはリスクコントロールだ。独裁制では意思決定から実行まで障壁がないがゆえに、意思決定のミスが起こる可能性がある。民主主義は「形式」に従うことでミスを犯すリスクを回避しているということだ。

私が考えるデメリットの大きな理由の1つは「優れた独裁者」の「生産性」である。

その根拠は「山口組」だ。

三代目山口組・田岡一雄組長は戦後の混乱期に三代目山口組を近代ヤクザ組織へと育て

上げた中興の祖である。五カ条からなる綱領（次ページ「山口組綱領」を参照）を作成し、ともすれば暴力が内側に向かいかねない集団に倫理を持たせた。また、組織内に福利厚生を積極的に導入し、配下の者にはヤクザとして稼ぐのではなく正業を持つことを推奨した。内政ではヤクザが実社会から孤立化しないように資金を稼ぐ方向性を作り、同業他者へと暴力が向かった結果、三代目山口組は全国組織へと成長を遂げたのである。

しかしこの「田岡イズム」が組織戦略として継続されたかは微妙だ。

というのは四代目を継承する予定だったもう一人のカリスマ、三代目山口組若頭、初代山健組の山本健一組長が田岡組長とほぼ同時期に死亡したからだ。このことで「跡目」を巡って組は分裂し、山一抗争が勃発《ぼっぱつ》。その抗争で四代目山口組は、竹中正久組長を殺された。

山一抗争終結後、五代目に継承された山口組は独裁制ではなく「合議制」、すなわち「民主制」を取り入れることになる。

ヤクザ社会において「親」は絶対だが、田岡組長や山本若頭のような「カリスマ」を計画的に育てることはできない。「カリスマ」になりえない部分を、「執行部」という組織によって担保したということだ。

組織の意思決定者を分散化することで、「間違った判断」に陥るリスクを減らすことが

山口組綱領

山口組は侠道精神に則り国家社会の興隆に貢献せんことを期す

一、内を固むるに和親合一を最も尊ぶ

一、外は接するに愛念を持し、信義を重んず

一、長幼の序を弁え礼に依って終始す

一、世に処するに己の節を守り譏を招かず

一、先人の経験を聞き人格の向上をはかる

できた。その効果もあって五代目時代の山口組は、資金力と暴力を融合させ黄金期を迎えることになる。

さらに執行部内にパワーバランスの駆け引きが生まれたことで、「次代のトップ候補」の淘汰《とうた》が行われた。資金力と暴力性だけではなく、社会性や政治的調整能力など一般企業の社長に近いスキルも求められることとなった。暗殺や健康問題、逮捕などで脱落した有力候補者もいたが、それを乗り越える「運」も含めての淘汰ということだ。

山口組においては三代目、四代目が「死」をきっかけに代目継承をした。対して、五代目は「引退」という形で生きながら代目継承に成功しているのは、

「民主化」を導入した成果といえるだろう。また、このように偶然でしか生まれない「カリスマ」に頼らない権力分散は、組織そのものを持続させる効率的な方法でもある。

これを「ヤクザの話」として鼻白む人は、これから先の時代を生き抜けるかどうか怪しい。ソフトバンクの孫正義《そんまさよし》氏、ユニクロの柳井正《やないただし》氏など、後継者に禅譲を試みて失敗したカリスマ経営者は多くいる。またそうしたカリスマの死後、企業が傾いた例は枚挙に遑《いとま》がないではないか。

「私がいなくても会社は動く」と嘆く中間管理職が多くいるが、それは大きな誤解だ。「常に代わりがいる」ということは健全な代替システムを内包している組織だ。むしろ、未来のある企業で働いていることを喜ぶべきだと私は思う。

55年体制崩壊や、民主党政権の悪夢などがあったとはいえ、戦後の日本は事実上、自民党の一党独裁が続いている。ただし自民党内にはハト派とタカ派、右派とリベラル、さらには複数の派閥が共存している。すなわち「次代の淘汰」のメカニズムが内包されているということだ。

ただし歴代総理の在籍日数は、短命と長命でくっきりわかれている。民主制であるがゆえに優れた宰相が登場するまで、交代を続けることができるのだ。倒閣ドミノは批判的に捉われがちだが、このことで「カリスマ」が生まれなくても「最適解」を生み出す機会は多くなるといえるだろう。

このような「企業」や「日本の政治」を例にせず、ヤクザを例に挙げた理由は、特に「暴力とマネー」を駆使して躍進する中国を念頭に置いているからだ。

権力者の在籍時間が長い点。権力最上層の直下で体制派、反体制派が権謀術数を常に繰り返している点。また「運」も含めた淘汰が行われるという意味でも、中国の政治体制は暴力団に酷似しているといえるだろう。

中国人にとって習近平は「当たり」か「外れ」か

カリスマは偶然の産物だが、実のところ民主制も独裁制も「優れたリーダー」を生産する確率はそれほど変わらないと私は考えている。

私の経験では優れたリーダーはほぼ「利他的」だ。その上で出世欲、権力欲などの「利己的野心」を同時に成立させている。一般的に両者は共存しないが、それを高いレベルで両立させられるからこそ優れたリーダーは希少ということだ。

「利他的」の典型例が映画『男はつらいよ』の主人公「寅さん」だ。利己的であれば恋愛成就など簡単なのに、利他的であるがゆえに他人に譲ってしまう。もし「寅さん」に「組職人として生きる性行」と「利己的野心」があれば、一角《ひとかど》の名親分になっていただろうと私は確信している。

私の場合、「利己」が常に先行し実務能力が高いので組織のナンバー2にしかなれない。加えて「自由人」であろうとするのだから、ヤクザの世界で名を挙げられないのは当然ということだ。

このような「利他と利己的野心」を高いレベルで共存させる希少種の選択について、民主主義にはカードを捲《めく》ればいつかは「当たり」が出る仕組みが備わっている。対して、独裁制にはその制度がない。結果的に独裁制の方が「当たり」が出る機会が少なくなるということで希少種の絶対数に差は無いと私は考えている。

そこで習近平《しゅうきんぺい》氏が「当たり」か「はずれ」かについて考えるところから始めたい。

いうまでもなく習近平氏は中国を世界第2位の経済大国まで押し上げた人物だ。国内にふんだんな投資を行っているばかりか、投資環境を整備して海外から投資家を呼び込んでいる。「14億人の市場の魅力」に世界中のマネーが吸い寄せられた結果、中国の経済と技術は大きく成長した。

またチベット、ウイグルでは人権を踏みにじり、同化することで領土を拡張。イギリスから返還されて以来、香港には一国二制度が敷かれていたが、２０２０年には国家安全維持法を制定し、表現の自由を禁止して完全に自国領土とした。さらに南沙諸島を実効支配することで領海の拡張に成功。チャイナマネーを積極的に海外投資に使うことで、欧米を中心とする国際社会での政治的プレゼンスを飛躍的に拡大することに成功した。

「失政」と見える政策が行われるたび、習近平氏をバカにするような論調を散見する。しかし、こうして整理していけば中国市民にとって、これほど優れた宰相はいない。もし日本の宰相が習近平氏であれば北朝鮮がミサイル実験をすることも、韓国に頭を下げることも、中国から経済的に幅寄せをくらうこともなく、再びアメリカの経済力に挑戦していたかもしれないのだ。

私に習近平氏を褒めそやす意図はない。伝えたいのはここだ。

現在、米中のデカップリングが深化する中で、日本は西側のフロントラインの国になっている。冷戦構造を覚えている世代であれば、ドイツが東西に分かれていた時代の西ドイツの在り方を思い浮かべれば理解できると思う。

「敵」の力量を正確に評価しなければ、この最前線を生き残ることはできない。国家をコントロールするのは有権者の皆さんなのだから、皆さんが「習近平」という政治家の能力を正確に評価しなければ生存の可能性が低くなる。だからこそ必要なのは感情ではなく、冷静で合理的な視点だと私は常に主張しているのだ。

整理すれば習近平氏は中国国民にとって間違いなく「当たり」の宰相である。習氏に対する批判が大きいのは中国の成長に、いかに多くの国が利益を食われたかという証左ということだ。

すなわち、日本にとっては、かなりの強敵ということが導き出せるだろう。

権力者を権力者たらしめるのは長期的な「時間観」だ

次に、習氏の抱える深刻な問題を評価していきたい。私の目に特異なものとして映るのは「習近平」を境に継承が分断していることだ。

中国（中華人民共和国）を建国したのは毛沢東である。毛沢東は中国におけるカリスマとなりあがめられることとなっている。

1976年9月9日に毛沢東の死後、トップを巡る2年にわたる権力闘争を勝ち抜き1978年に最高指導者となったのが鄧小平《とうしょうへい》だ。鄧小平は内部闘争で3度の失脚から復活するというドラマを持っているが、2度の国共内戦と日中戦争を勝ち抜いた毛沢東の伝説には及ばない。そこで鄧小平は中国を一気に近代化する「改革・開放」路線を採り、国民に「富」を手渡すことで毛沢東のカリスマ性に対抗した。

鄧小平は、自分の国家戦略が継続されるように生前に後継者を指名する方法を選んだ。1989年の天安門事件の後に党総書記に江沢民《こうたくみん》氏を指名、92年には、すでに江沢民氏の後継者として胡錦濤《こきんとう》氏を最高指導部に抜擢《ばってき》した。

毛沢東のイズムを形式的には継承しながら、自身を含めた「三代にわたる鄧小平政権」を維持することで毛沢東のカリスマ性に挑んだということが理解できるだろう。

その胡錦濤氏の次に国家主席になったのが習近平氏だ。すなわち習近平氏は鄧小平の長期的国家戦略の外側で生まれたはじめての指導者ということになる。

私がここに着目するのは、やはり山口組の歴史にある。というのも三代目の田岡組長と後継であるはずの山本若頭が相次いで死亡した後、田岡組長の姐《ねえ》さんである文子《ふみこ》氏が竹中組長を四代目に指名したからだ。その背景にあったのは山本若頭と竹中組長の昵懇《じっこん》の関係である。

山口組は少なくとも四代目までは「田岡政権」を持続させようとしていたということだ。ところが竹中組長は就任わずか202日で暗殺。山一抗争は三代目時代の長老派と、竹中組長を中心とした若年層の戦いでもあった。

この「田岡イズム」の時間軸の外側にできたのが五代目山口組だ。

1989年に渡邉芳則組長が継承した五代目山口組は、それ以前の山口組と違って「暴力とマネー」の融合を推進した。抗争の時代であれば、暴力が嫌いな私が暴力団員になることはなかったはずだ。バブルと暴力団対策法という2つの要素も手伝って、恐怖を背景にした資本形成は膨れ上がっていった。

しかし、六代目を継承したのは名古屋に本拠を置く弘道会だ。黄金期を迎えたとはいえ「五代目イズム」が山口組の新たな長期戦略とはならなかった。現在では「弘道会イズム」が組織内に浸透している。

整理した習近平氏の継承を考えれば、酷似していることがわかるだろう。そこで考えたいのが、権力者がなぜ権力者になれるのかという点だ。

それは思い描く時間の長さの差にあると私は考えている。

庶民が考えることができるのはせいぜい明日、1週間も先のことを考えられればその人は出世頭だ。大企業の社長で10年、トヨタの社長でも30年先を見据えているのがせいぜいだ。最たる例は天皇制で、2000年以上維持できたということはそれだけの「時間観」を持っていたということだ。

なお、私が「時間観」にたどり着いた理由については、別のトピックで詳述したいと思う。

米国を凌駕した習近平の時間観

ここで「時間観」を、習近平氏に当てはめて検証してみよう。

第一に私は習近平氏が長い「時間観」を持っていると評価している。

２０２１年には米中のデカップリングが深化しているが、メディアの多くは２０１８年に突如、トランプ政権が中国からの輸入品に追加関税を実施したかのように論じている。

だがそもそも米中デカップリングを宣言したのは習近平氏だ。というのも２０１３年６月10日に当時のアメリカ大統領、バラク・オバマ氏と初対談をした際に米中による「太平洋二分割構想」を宣言しているからだ。この構想をわかりやすく言えば、「中国は日本と台湾を自国圏内に入れるので、米軍はハワイまで撤退しよう」ということだ。

まさに米中デカップリングそのものではないか。

習近平氏は２０１２年11月に国家主席に就任したのだから、就任わずか７カ月で２０１８年の「開戦」までを折り込んでいたということになる。

また２０２２年秋には中国で党最高指導部を決める５年に１度の党大会が行われる。これまでは2期10年が国家主席の任期という慣習だったが、習近平氏の3期就任は確定的な流れだ。

ここで考えなければならないのは、すでに2015年の時点で、習氏が自身の「3期目就任」を折り込んでいたということだ。なぜならこの年に、中国政府は、2025年までに中国が世界の工場を脱出して世界一の技術大国、生産大国になることを目指す国家プロジェクト「MIC2025(Made in China 2025)」を発表したからだ。「MIC2025」は日本では、「中国製造2025」と訳されているが、2025年は第3期就任後である。

こうして整理していけば、実は「後手」になっているのはアメリカの方ということが導き出せるだろう。愚かな国が世界第2位の経済大国になることも、アメリカに挑戦することもできない。並ばない、中国国民の倫理観はともかく、習近平体制は決してバカではないということだ。

翻って日本の歴代首相で長いスパンの「時間観」を持っていた総理は数えるほどしかいない。唯一と言っていいのは安倍晋三氏くらいだと私は考えている。

まず長い「時間観」を持つためには、長期安定政権が必要になる。交代を繰り返すという政治制度のなかで、政権を長期にわたって維持するリーダーが日本には極めて少ない。何より戦後の日本の政治は内政特化型で、外交については長く「アメリカ」だけを見ていればよかった。この理由はシンプルで安全保障のための暴力を米軍に依存し、パワーを経済成長に特化したからだ。

安倍政権だけは、そのシステムが古くなったことを理解していた。その好例が日本、アメリカ、オーストラリア、インドからなるＱＵＡＤ（日米豪印戦略対話）だ。そもそも「アジア太平洋」という戦略用語を作ったのは安倍政権だ。中国の進出を封じ込めることを目的にした連合だが、日本発で国際社会に「同盟」を作ったことはない。

安倍晋三氏は習近平氏の「時間観」に対応するために、同様の「時間観」を持っているとしか私には思えない。国際社会を舞台にした、戦後唯一の長い時間軸の外交・安全保障戦略を持った政権が安倍政権だったといえるだろう。

中国共産党「次の100年」を理由に毛沢東を超える

習近平氏は毛沢東への強い憧憬を持っていると評価されることがあるが、本人がそれを明言したことはない。しかし、整理していけば鄧小平の「イズム」が分断した後、習近平氏には「第二の毛沢東」になるというミッションが課せられているということが導き出せる。

そうしなければ、いずれ中国はアメリカに飲み込まれてしまうからだ。

実際に、鄧小平から始まる「改革・開放」は行き詰まりつつあった。というのは、中国の開発で国際協力を得るたび、中国政府は「市場を開放して、自由主義になる」ということを国際社会に約束し続けてきたからだ。

それは中国共産党の解体を意味する。グローバリズムの到来によって、中国には世界中からマネーが集まり、並行して自由社会の価値観も輸入されることとなった。約束を先延ばしすることが難しくなったばかりか、14億人の国民が中国共産党の矛盾に気がついてしまうリスクが高まるばかりだった。

「第二の毛沢東」にならなければならない状況は成熟していたということだ。

何より習近平氏自身の野心は旺盛だ。そう断言できるとりあえずの根拠が、2020年6月の香港国家安全維持法だ。香港は1840年のアヘン戦争敗北による南京条約に基づいて、イギリスに割譲された。つまり習近平氏は毛沢東のはるか以前の1840年まで時間を巻き戻したということになる。

中国共産党が過去の政治路線や思想を総括し、新指針を示す決議を「歴史決議」と呼ぶ。結党100年で「歴史決議」を行ったのは毛沢東による1945年と鄧小平による1981年の2回しかない。

しかし21年11月11日、中共六中全会（中国共産党第19期中央委員会第6回全体会議）で「歴史決議」が採択された。中国共産党史で習近平氏が「毛沢東」「鄧小平」に並んだ瞬間だ。

しかし習近平氏は「第二の毛沢東」どころか、「毛沢東を超え、中国共産党の新たな神になる」という巨大な野心を持っているとしか、私には見えない。したがって領土、領海の拡大は続くと考えるべきだろう。

２０２１年7月1日に中国共産党は結党１００周年を迎えた。トップ在任中に自分が毛沢東を超えた「神」になり、次代に「第二の鄧小平」を指名すれば、中国共産党は「次の１００年」まで持続する――これが習近平氏の国家戦略の時間観だと私は評価している。

その野心成就のために、習近平氏が武器にしたのが「14億人」という巨大なボリウムだ。どんな経済政策も、どんな安全保障政策も「ボリウム」に勝つことができない。例えば14億人から1円ずつ徴収して資本金の少ない東証2部に投資すれば、株価など意のままに操ることができるだろう。どれほど強力な空母打撃群でも、防御用に用意した兵器の量を超えて身を守ることもできない。

ただしこの「14億人」が反乱すれば、自分を殺す「武器」にもなる。武器がきちんと相手に向かうために必要なのは、まずはカネなどのエサだ。ナチスは第一次大戦の戦費で貧困に喘《あえ》ぐドイツ国民たちを、急速な経済再生の実現によって武器に変えたことが、その最もわかりやすい証左だ。

そこでエサを与えるプロセスを次章で整理したい。

第三章

チャイナ・ショックの引き金を引く債務

膨れ上がる不動産バブル

中国の大躍進は、世界の金融機関を停滞させた２００８年の「リーマン・ショック」にさかのぼる。この金融不安はタイムラグを伴って、実体経済にダメージを与えた。「世界の工場」である中国は輸出大国で輸出と、輸出品のための工場、製造業の設備投資が中国経済のエンジンだった。しかしショックをきっかけに、輸出が鈍化したことで国内経済が停滞。中国政府は莫大な財政出動を行うことで対応した。

まずリーマン発生後の08年11月に中国政府は「4兆元（約57兆円）の経済対策」を打ち出す。いち早く巨額の財政出動を決定したことで、中国株はV字回復を遂げた。また１年間で38兆ドルを買うことで元安に為替を操作し、輸出企業を支えていた。リーマンの後に行われた多方面の財政出動は15兆ドル（約１７００兆円）にもなっていると報じられている。これは当時のアメリカの民間銀行全体の約１・５倍もの金額だ。

リーマン・ショック時には金融システムに対する信用不信が発生。金融機関が別の金融機関にマネーを貸し渋るなどしたことで、マネーの流通が停滞することになった。世界中の金融機関がドル不足に喘《あえ》ぐなか、中国だけは政治力によって金融を動かしショックから

不動産開発投資額の推移

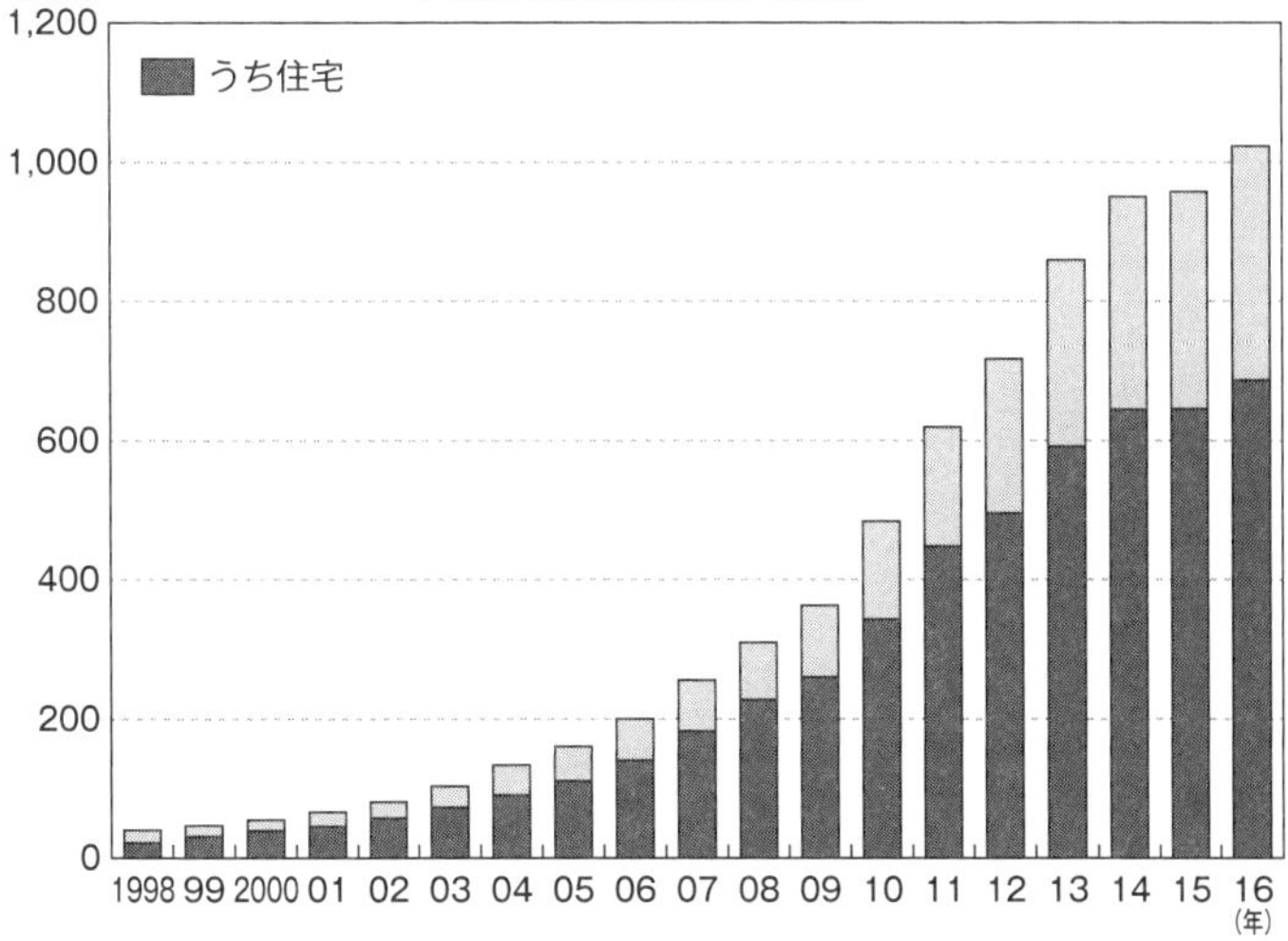

不動産新規着工面積の推移

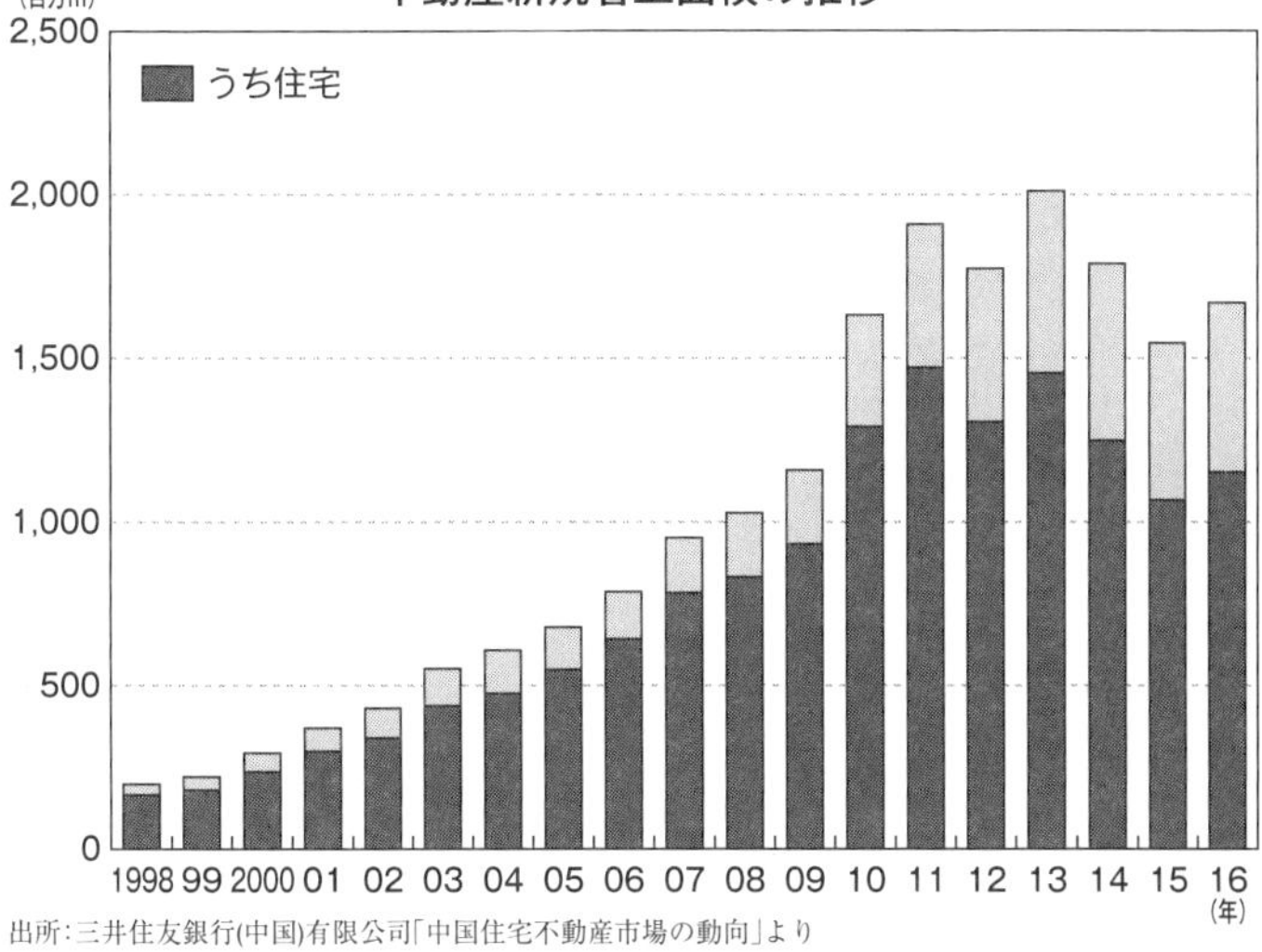

出所：三井住友銀行(中国)有限公司「中国住宅不動産市場の動向」より

脱出することができたのだ。

重要なことは中国では金融は常に政治によって決定されるという点だ。当然、独裁制は有効に機能するし、このことが後述する問題分析の鍵にもなる。

しかし巨額の財政出動によってあふれたマネーは、中国国内の不動産事業にも向かっていった。中国では1998年に住宅配給制が廃止され、分譲住宅の供給が始まった。14億人が住宅を求めたのだから、これだけでも巨大な市場である。リーマンを経て、その勢いがさらに加速したのだ。三井住友銀行（中国）有限公司が2017年9月に発表した「中国住宅不動産市場の動向」の「不動産開発投資額・新規着工面積の推移」（前ページ図参照）を見れば、その伸びは視覚化できるだろう。

不動産開発は住宅だけに留まらず、至るところで行われた。土地は共産党の所有物で、不動産開発会社（ディベロッパー）がその土地を地方政府から買うという構図だ。

世界の工場として輸出を中心としていた構造から、無尽蔵にある「土地」という資源を使った経済構造へと転換したことで不動産はバブル状態となる。成長する不動産関連企業の株式と債権には、海外の投資マネーが集まる。これを原動力としたことで2010年に中国はGDP世界第2位へと上り詰めた。潤った中国企業に海外の投資家も吸い寄せられる好循環が生まれた。

中国のGDPの推移

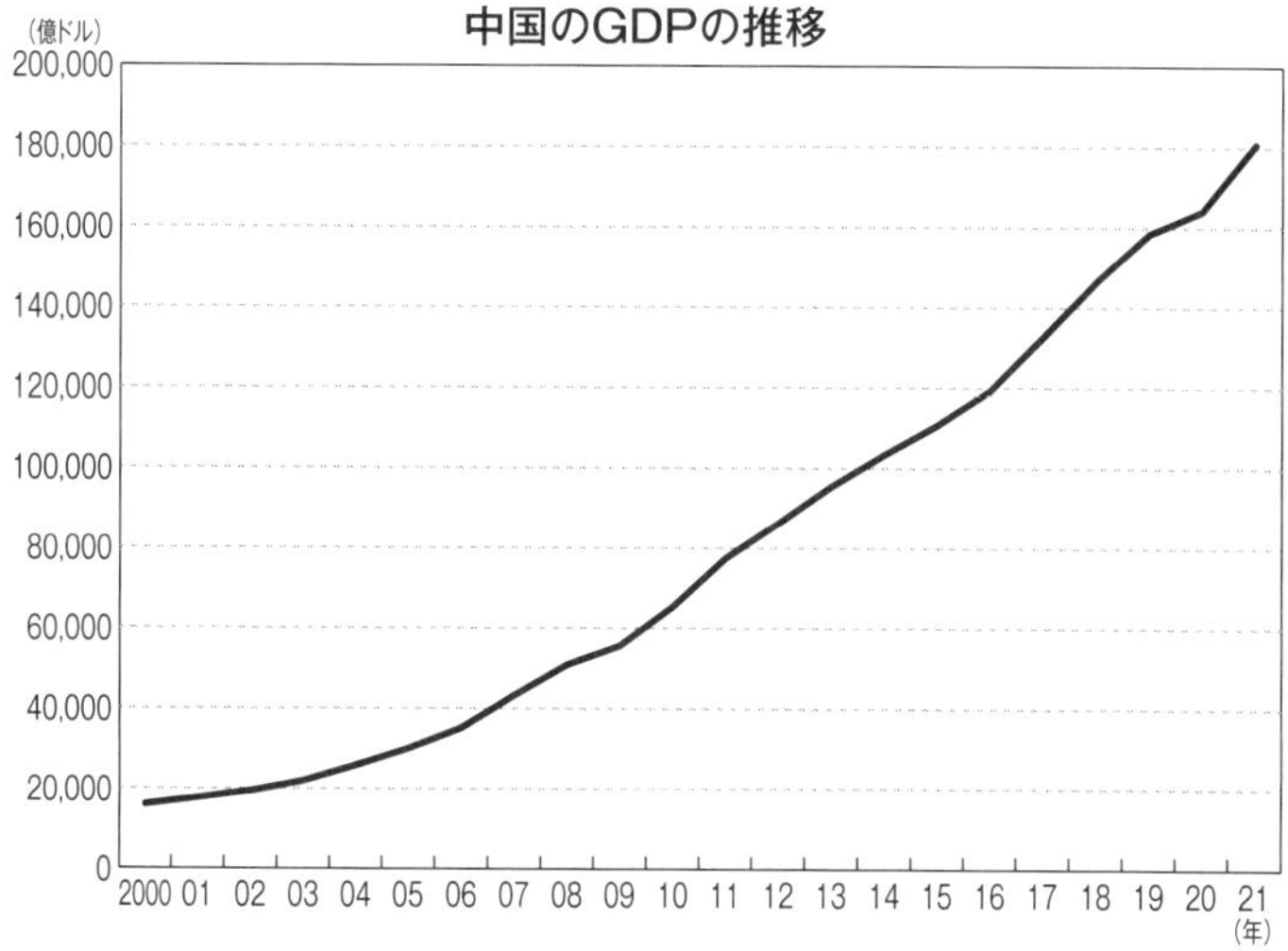

このように中国ではリーマン・ショック以降、「不動産開発」と「株式投資」が原動力となって、経済を牽引するようになったのである。

中国人民は金融資産ではなく、住宅など不動産を資産形成のツールとするようになった。借金をして住宅を買っても売れば儲《もう》かるという幻想から、完成前のマンションが「投機対象」として売れていった。また、中国の地方政府は税金の徴収が限定的ということで、土地を売って収入を得るということを常態化させた。

例えば2021年上半期の安徽省六安市の税収は9億ドルだが、土地売却収入は12億ドルになっている。収入の大部分を土地の売却など不動産開発から得ている地方政府がほとんどなのだ。

こうして、誰も住んでいない幽霊マンションが林立することとなった。日本のSNS上では中国人を揶揄《やゆ》するために、この幽霊マンションの写真が使われる。だが、日本でも80年代バブルで不動産神話が起こり、「投資」と「投機」を履き違えた。不動産への投機的資産運用に奔走し、その結果、莫大な借金を背負った人も数多くいたのだから中国人を笑えない。

結果、中国は2020年までに不動産業と建設業が巨大産業となる。あの国だけに数字の信憑性《しんぴょうせい》は低いが、中国国外の研究者による複数の論文を読むと、不動産、建築業がGDPに占める割合は実に25%～30%弱にもなると私はみている。

これほどのGDPに不動産、建築業が占めている国は中国以外にない。

「三大堅塁攻略戦」は成功するのか

不動産市場が膨張するなかで中国のディベロッパーが資金調達手段にしたのは債務、つまり借金だった。借りては売って儲けを得ることは資本主義社会では「自転車操業」とされる。しかし中国でディベロッパーの自転車操業は、地方政府の財源と直結していた。

「政治が金融を決める」ということで、明らかに経営状態が怪しい企業にも、銀行がカネを貸したり、社債を買い上げるなどして債務を順調にためることができたのだ。

この歪《いびつ》なエンジンによって経済を成長させて得たマネーを中国政府は技術に集中投資した。部材を海外から輸入して組み立てて輸出する「世界の工場」から、自国製品を海外に輸出する生産大国へ変貌《へんぼう》を遂げさせようとしたのが習近平氏だ。

ところが不動産バブルのせいで債務の膨張が看過できないレベルにまで達した。本来は持続不可能な債務による資金調達が、中国だけでは持続可能とされてきたのだから、当然といえるだろう。

習近平氏以前の中国では「中国共産党員か否か」が「持つ者」と「持たざる者」の分岐点だった。習近平氏はこの枠を取り払い、中国共産党が独占していた利権を開放することで経済成長を遂げた。

習近平氏自身も、2021年7月1日の中国共産党創立100年の祝賀式典で、「半分開放、半分閉鎖から全方位の開放政策へと転換し、経済規模で世界2位に躍進した」

と自画自賛している。

2021年5月21日にHSBCが投資可能資産が1000万元（約1億6900万円）

三大堅塁攻略戦

第1段階	2020年まで
	重大リスクの防止・解消 特に、政府・企業の債務比率の引き下げ
	農村の貧困解消
	環境対策　空気をきれいにして青空を取り戻す（青空防衛戦）
第2段階	2035年まで
	現代化した経済システムを作り上げる
	中流階層の拡大
	経済格差の顕著な縮小
	環境の回復
第3段階	21世紀半ばまで
	経済強国の実現
	世界トップレベルの経済力の獲得
	全国民の「共同富裕」の実現

以上の個人が200万人いること、また、中間所得層の人口が約3億4000万人いるというレポートを発表した。

確かに共産党の特権を開放したことで富裕層は増えたということだ。

だがこのレポートは日本の総人口の3倍も中間層がいるとみるのではなく、10億人は中間所得層より下ということを意味している。さらに14億人のなかでたった200万人しか富裕層がいないということも示している。

実際に家計の上位1%が中国の資産の30%を保有する人口比になっているのだ。2021年7月1日に、中国共産党は同年6月5日の党員数が過去最多の9514万8000人に達したと発表している。党員数、約1億人と考えれば、はたして「全方位の開放」がどこまで行われたのかは怪しいといえるだろう。

不動産バブル最大の問題は、住宅価格が高騰しすぎて、持たざる者が住宅を持てないという点だ。2018年の改革開放40周年の際、習近平氏は21世紀の半ばまでに突破するべき3つの難関を発表し「三大堅塁攻略戦」とした（前ページ図「三大堅塁攻略戦」参照）。しかも2020年代後半に、中国は本格的な高齢化社会に突入する。日本同様に旺盛な購買欲を持った層が縮小するのだから「消費」も下がることがわかっている。

2035年の目標実現のためには、この格差拡大の要因を打開しなければならないということだ。

「3つのレッドライン」と日本のバブル崩壊の類似点

不動産関連事業について、より深刻なのは積み上がった債務だ。野村ホールディングスによれば、中国の不動産開発業界の債務は5兆ドル（約561兆円）で、2016年末の倍近くまで膨れ上がっている。

また、21年9月30日にゴールドマン・サックスは、20年末時点の中国の地方政府の隠れ債務が約53兆元（約918兆円）に達したことを発表した。この隠れ債務は13年時点では16兆元だったとされているのだから、実に3倍以上にも積み上がったということだ。

この抑止のために、中国政府は2021年1月1日に「三条紅線」（3つのレッドライン）という不動産融資の規制政策を実施した。

①総資産負債比率70％以下
②自己資本に対する負債比率100％以下
③短期負債を上回る現金保有

という3つの条件に抵触する不動産企業をランク付けして、銀行に融資制限をさせる内容だ。バブルを冷やすことで不動産価格を抑制し、債務の膨張にも歯止めをかけようということである。

この3つの基準に引っかかり、真っ赤になったのが「エバーグランデ」だ。日本では中国の企業名「恒大集団」として報じられている。「三条紅線」の実施によって融資が滞り、またたくまに債務超過の危機に陥った。その負債総額は実に約3000億ドル（約33兆円）と報じられている。

恒大集団は21年11月10日に期限だった米ドル建て社債の1億4800万ドル（約169億円）の利払いを実施。なんとかデフォルトを逃れた。この時には、創業者で会長の許家印氏が香港の豪邸を担保に借り入れを行ったが、同年10月にも自宅を担保に約43億円を借り入れている。Ｗｅｂ映像の制作会社など傘下企業や、海外株など保有資産を売却している。２機のプライベートジェットを売却までしても約57億円にしかならなかったが、墜落寸前の飛行機が次々に荷物を放り出して不時着しようとしているような状態だ。負債総額は中国の名目ＧＤＰの実に約２％に相当する金額だ。あまりにも巨大なインパクトで「リーマンレベルの金融ショックが起こるのではないか」という懸念が株式市場を覆っている。実際にデフォルトが囁《ささや》かれた21年９月中旬から下旬にかけてチャイナ・ショック発生への警戒感が市場を覆い、アメリカを中心とした世界の株式市場は冷えることとなった。

すなわち「恒大問題」に連なる中国の「不動産バブル崩壊問題」は、22年に向けた投資家の間のホットニュースの１つということだ。もちろん成り行き次第では皆さんのマネーに直結することは、すでに書いた。そこで１つひとつ問題に迫ってみたいと思う。

まずは「三条紅線」から整理したい。

ハードランディングかソフトランディングか

この規制を見てバブル時代を思い出す人も多いのではないか。というのも日本では80年代バブルがピークに達した時、この「3つのレッドライン」に酷似した「総量規制」という金融政策が行われたからだ。

総量規制とは1990年3月27日に、大蔵省（現在の財務省）から金融機関に出された「不動産融資総量規制」という通達である。バブル経済下で過剰に投機的になった土地取引を融資の引き締めで、抑制しようという狙《ねら》いがあった。

繰り返すように中国の金融は政治によって決定する。だが日本の場合は金融機関の大蔵省に対する「忖度《そんたく》」が機能した。建設工事の途中で融資を打ち切るなど貸し剝《は》がしや、貸し渋りが発生。翌91年をピークにして瞬く間に不動産価格が暴落した（次ページ図「公示地価価格の推移」を参照）。

これと並行して日銀は1985年5月から1年3カ月の間に5回の利上げを実施し、2・5％だった公定歩合が6％台まで段階的に引き上げられた。市場にあふれているマネーを中央銀行が回収してインフレを抑制するのが目的だ。

2つのインパクトによってバブルは崩壊した。

バブルの冷却には急激に市場を崩壊させるハードランディングと、緩やかな規制によって軟着陸させるソフトランディングの2つのパターンがある。「冷ます」というのは経済成長にとって非常に重要な戦略だ。

公示地価価格の推移

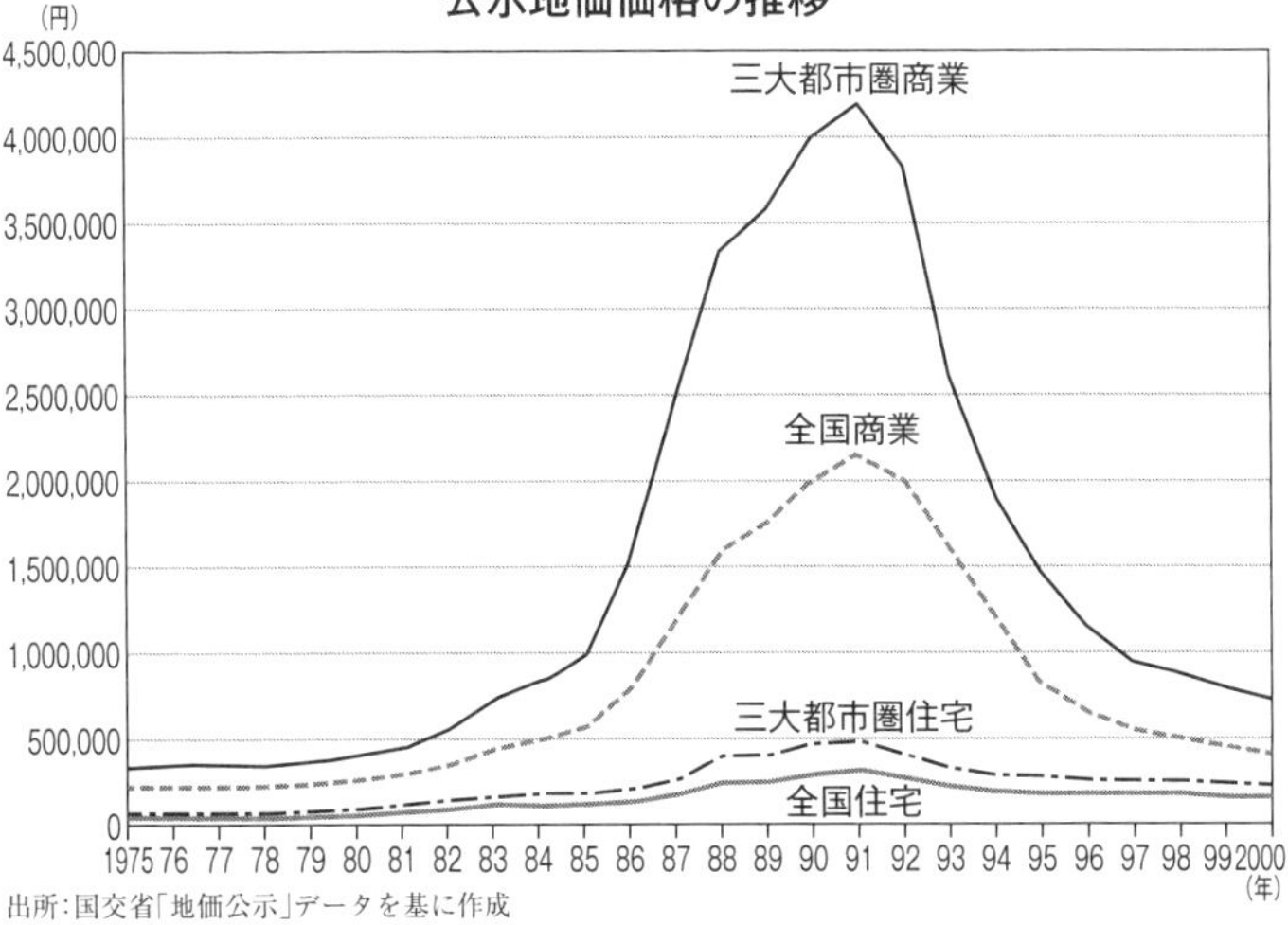

出所：国交省「地価公示」データを基に作成

株価はその典型で、意図的に高騰する株価を冷却することがある。「安い」と評価されれば、より多くの「買い」が入って株価をつり上げるからだ。アメリカの前大統領、ドナルド・トランプ氏はTwitterを通じて口先介入し、適度に株価を冷ましながら史上最高値を更新し続けた。

アメリカは歴史的に「冷ます」ことを上手に利用して、持続的な経済成長を遂げている。

ハードランディングという「冷却」は乱暴なように見えるが、切断面が鋭いほど回復が早い。両者は一長一短だ。例えば１９７９年にＦＲＢ（アメリカ連邦準備制度理事会）議長に就任したポール・

ボルカーは、70年代のアメリカを苦しめたインフレに対応するために政策金利を短期間で大幅に引き上げた。79年に平均11・2％だった金利が81年には20％に達する。GDPが3％減少し、失業率は11％にまで跳ね上がる。

この「ボルカー・ショック」に対して、政府には強烈な批判が集まった。が、インフレ率は81年の13・5％から83年には3・2％にまで引き下がることになる。ここから金融緩和に転じたことでGDPはV字回復し、失業率は大幅に低下した。

この手法に対する評価は分かれるところだが、約10年間、解決不能だったアメリカの経済問題を3年で解決したことは事実だ。

対して日本のバブル崩壊で、ハードランディングを画策したのは、第26代日本銀行総裁の三重野康《みえのやすし》である。三重野は「インフレ無き経済成長」という夢想としかいえない理想を持っていた。現在、デフレで苦しむ人の量と比べてはたして当時、どれほどの人がインフレに苦しんでいたのかは、大きな疑問である。

実は「総量規制」も「利上げ」も経済の熱を冷やす材料としては有効だ。解決不能なほど問題が大きければハードを、冷ます程度であればソフトを選ぶというのが常人の考え方で、使い方次第ということになる。

ところが、三重野は問題どころか、何も問題にしていない「インフレ」を「解決不能な

バブル潰しに狂奔した日銀の公定歩合（政策金利）の推移

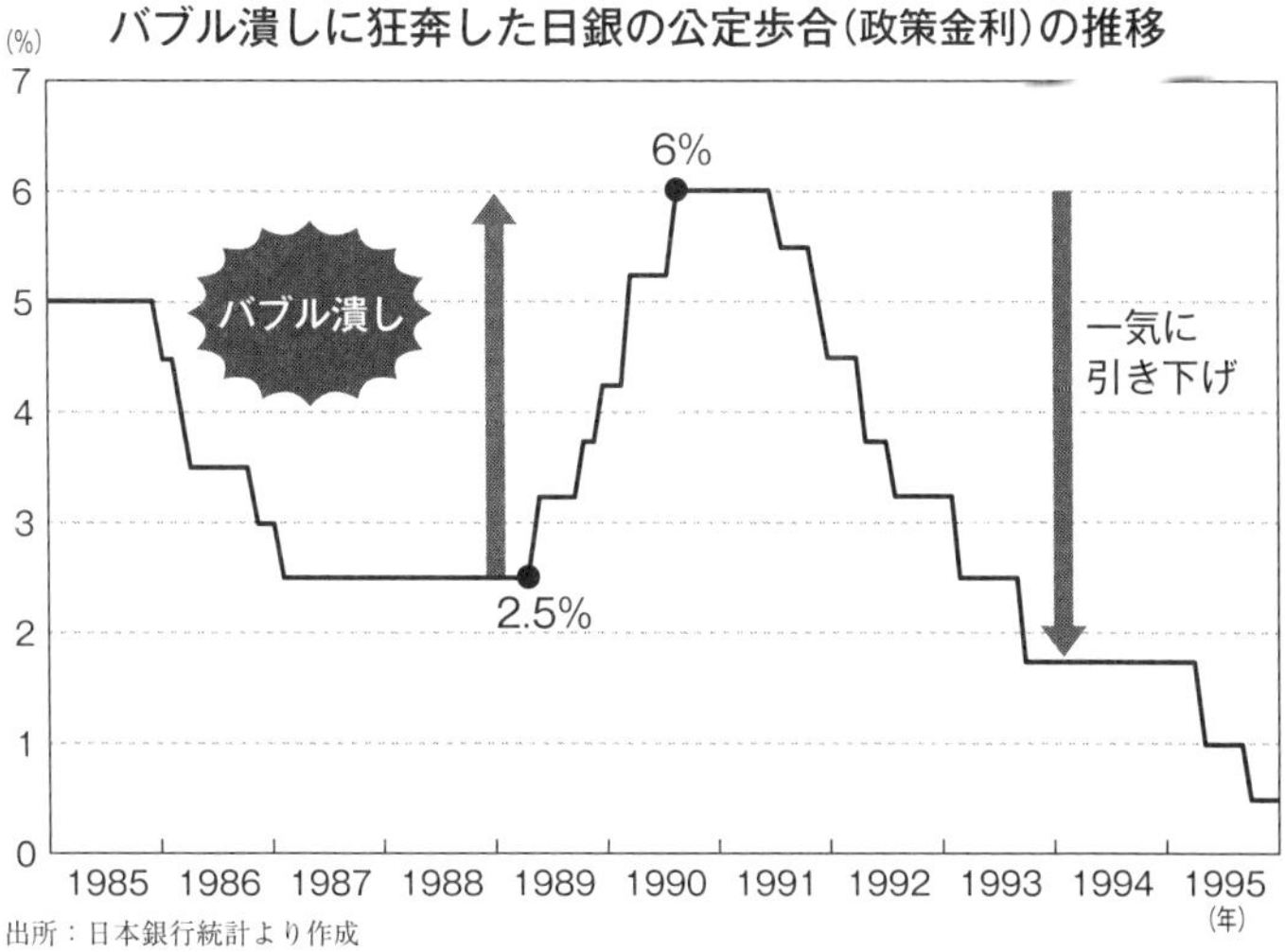

出所：日本銀行統計より作成

問題」としてハードランディングを選んだのだ。そのやり方も行き当たりばったりとしか私には思えない。もし出口戦略があれば30年も失われた時間を送るはずがないからだ。

着地点さえ存在しないのだから墜落だ。以来、私は政治に期待を持たなくなった。

ところがこの常軌を逸した人物をメディアは、「バブルを退治する〝平成の鬼平〟」としてもてはやした。深夜番組で1万円を使う感覚を問われた女子高生が「1000円くらい」と、笑いながら答えていた時代で、精神性の欠落が問題視されていた時代だ。有権者の多くも日銀による金融引き締めや総量規制を喜んで受け入れていたのだ。

ちなみに三重野を師として慕ったのが、病的なまでにインフレを嫌悪し、東日本大震災時にもしょぼい財政出動を行った第30代日銀総裁の白川方明《まさあき》氏だ。白川氏の〝功績〟によって株安・円高が継続した。師が生み出したデフレを、弟が民主党政権下でますます加速させることになったのである。

バブルによって蔓延した稚拙な精神性と、デフレによる貧困で痛めつけられる精神性のどちらが深刻な問題なのかなど、バブル当時の日本人には理解できなかったということだ。以来、私は、メディアを信じないようにしている。

政府は救済に動く可能性は低い

ハードランディングとソフトランディングについて理解できたと思うが、中国がハードランディングか、ソフトランディングを選んでいるのかは現在のところ実は不透明だ。というのも「恒大集団」への救済、支援などの対応が確定していないからだ。

ただし、日銀と違って、国内向けの出口戦略は用意されていると私は考えている。というのは、繰り返したように中国の金融政策は政治が決定するからだ。

そもそも恒大集団については、２０１１年に格付け機関のムーディーズ・インベスターズ・サービスが批判的なレポートを提出している。恒大集団は香港に上場していたが、債務を原動力とした強引な成長と、それゆえにキャッシュフローが大幅にマイナスになっていることを明らかにして、実に７つもの「レッドフラッグ」を付けている。

この時、火消しを行ったのが日本の金融庁に当たる香港ＳＦＣ（証券先物委員会）だ。香港ＳＦＣは、ムーディーズのレポートに計算違いや入力ミスがあると主張。ムーディーズが１１００万香港ドル（約1億１０００万円）の罰金を支払うことになった。

またウォールストリートジャーナルは２０２１年10月11日に、「中国恒大、いかに警告は無視され成長を続けたか」で、こう報じている。

〈２０１２年、空売り投資家として知られる米国のアンドリュー・レフト氏は同社が債務超過状態にあると主張。「少なくとも6つの会計上のごまかし」を使って財務上の問題を隠そうとしたと指摘した。同社は疑惑を否定、反論した〉

この時も香港ＳＦＣが「虚偽の情報を流布した」として、はじめてレフト氏に民事訴訟を起こした。２０１６年には香港に拠点を置くＧＭＴリサーチが、恒大集団の不正会計と保有資産価値水増しを指摘したレポートを作成している。

このように恒大集団は、21年までの10年間でさまざまな疑義を持たれ、調査レポートに取り上げられている問題企業で、そのたびに政府がもみ消しに奔走した。

つまり、「三条紅線」実施でのデフォルト危機は既定路線だったということだ。政府側の対応については、すでに一部が明らかになっている。

2021年10月15日には、中国の中央銀行である中国人民銀行の金融市場担当責任者が会見を開いた。会見では、恒大集団の責任を追及しながらも、中国当局が恒大集団に対し資産売却と建設プロジェクトの再開を強化するよう求めている。そのための資金調達を当局が支援すること。さらに地方政府と連携し、建設が止まった不動産開発の再開への金融支援を進めていくとした。

この問題に当局者が発言することは異例ということで、裏側には中国政府の意図があるということだ。恒大集団から投機対象として完成前の住宅を購入していたのは、素人の個人投資家だ。また恒大関連の事業体も多い上、地方政府も焦げ付くということで、国内については救済するということだ。

政府がエイと言えば、金融機関からヤーで金が出てくるのが中国だ。実際に同日、恒大集団は2020年発行の人民元建て社債について、利払い日の21年10月19日に支払うことを公表している。

恒大集団は21年9月23日に期限だったドル建て債の支払いを遅延しているが、中国人民銀行の金融市場担当責任者は、海外で社債を発行した不動産会社は積極的に返済義務を果たすべきと強調もした。社債の猶予期間は1カ月だが、期限ギリギリの10月22日には利息約8350万ドル（約95億円）を振り込んでいる。

チャイナ・ショックは起こるのか

このようにデフォルトの水際で返済を続ける恒大集団だが、中国国内での問題が2つあると私は考えている。

1つは債務の内容が不透明な点だ。

恒大集団の債務は国内と海外に分かれていることになる。国内問題であれば中国政府がどうにかする方向だ。だが海外への債務については、実のところ破綻してみなければわからない。

リーマン・ショックでは、同様のことが起こった。このショックの原因は「サブプライム問題」だ。「サブプライム」とは年収2万5000ドル（約270万円）前後の層を指すが、アメリカにはサブプライム向けの住宅ローンがあった。このローンのおかげで、90年代中盤からアメリカで住宅ブームが起こり、1994年には64％だった住宅所有率は、2004年に69・2％にまで跳ね上がる。

サブプライムローンを使えば、年収120万円程度の不法移民でも約8200万円の住宅を購入することができた。ところがこの家を担保に発行される債券は、実に最大100倍のレバレッジがかけられ82億円もの額となって運用されるといった、信じがたいことが横行する。

この時は世界中の金融機関、投資銀行が「サブプライム債」を組み込んで合成証券を作り金融商品化した。そのままだとハイリスク商品となるのだが、合成証券化したことでリスク計算が正確に機能しなくなり、リスクが不透明化したのだ。

結果、ハイリターンであるにもかかわらず表面上はローリスクという証券ができることになった。ある金融機関が発行した合成証券を、同じ金融機関の別のセクションが「ハイリスク」として売り飛ばしたという笑えない事態も起こった。発行したセクションが、売ったセクションにクレームを入れて、はじめて自分の金融機関が発行していたことを知るほど複雑化していたのだ。

そうした債権は「サブプライム」という個人の借金を土台にしていたのだが、2006年に住宅価格の上昇が止まり、返済不能者が多数出た。元が焦げ付いたことでレバレッジをかけた金融商品も焦げ付き、07年には巨大金融グループ、BNPパリバ傘下のファンドが投資家の解約を凍結。このことでショックが発生し、翌08年にはサブプライム問題に連鎖してリーマン・ブラザースが破綻。リーマン・ショックが起こった。

破綻後には負債処理が行われるのだが、そのプロセスで合成証券が解かれることになった。それの手間に要した時間がパリバからリーマンへの1年間であり、リーマンの被害が実体化するタイムラグだ。破綻処理のなかでは直前まで「AAA」（トリプルA）を与えられ、低リスクとされていたものもあった。もはや何を信じていいのかわからないという不信が、金融を硬直化させていったのである。

恒大集団の場合も同様で「処理」をしなければ、何が出てくるかわからないリスクがあるということだ。

ただしリーマンを経て世界の金融システム、中でも爆心地となったアメリカの金融システムは、ショックに対するかなりの弾力性を実装するようになった。

例えばバーゼル銀行監督委員会は、国際的に活動する銀行の自己資本比率や流動性比率等に関する国際統一基準を公表している。同委員会の常設事務局がBIS（Bank for International Settlementsの略で、国際決済銀行）にあることから、この基準はBIS規制と呼ばれる。リーマン後には再発を防ぐために、さまざまな規制が設けられた。

２０２０年からの新型コロナウイルス感染拡大において、Ｇ７がドルの流動性を高めるために、巨大金融緩和で合意したのもリーマンの反省からだ。バーゼル銀行監督委員会もその都度、規制を緩めて金融が停滞しないようにした。

金融緩和の影響で株価はバブル状態となったが、同時に暴騰したのが暗号資産だ。そのことで、銀行は自己資本のなかに投機性の高いビットコインなどの暗号資産を組み込むことになった。

ＢＩＳ規制によれば２０２１年現在、銀行の自己資本比率は最低８％を目標にすることが定められている。そこで２０２１年６月10日に、バーゼル銀行監督委員会は、「暗号資産と関連サービスの拡大は金融安定への懸念と、銀行が直面するリスクの増大を引き起こす可能性がある」

として銀行がビットコインなどの暗号資産保有への規制案を発表したのだ。

バーゼル合意では株式など保有資産にリスクウエイトを設定して、必要な自己資本比率を算出するように規制。リスクウエイト×目標自己資本比率が、各資産に必要な保有資産額となる。案によればビットコインなどの暗号資産はリスクウエイト１２５０％とした。目標最低自己資本比率が８％なのだから計算すれば０・０８×12・５０＝１。すなわち銀行がビットコインを保有するということは、同額以上の自己資本を保有しなければならないということになるのだ。

リーマン・ショックを経て規制がショックやリスクに対して弾力的に運用されるようになったのである。

恒大問題の深層

このように恒大における海外債務は、ある程度までなら弾力性によって吸収できるということだ。問題はその規模がわからないということで、世界の市場はニュースのたびに揺れることになっている。

もう1つの最大の問題が「第二の恒大集団」の出現である。

例えば、9月下旬に中国の不動産開発企業「融創中国控股」（サナック・チャイナ・ホールディングス）の株式と債券価格が急落した。同社の子会社が浙江省紹興市政府に支援を要請した文書がネット上に流出したことがきっかけだが、投資家が反応した背景には恒大に対するデフォルト危機への警戒感がある。

すなわち中国不動産業界全体が株式、社債での資金調達が困難な状況に陥っているということだ。

中国の総債務と限界資本係数

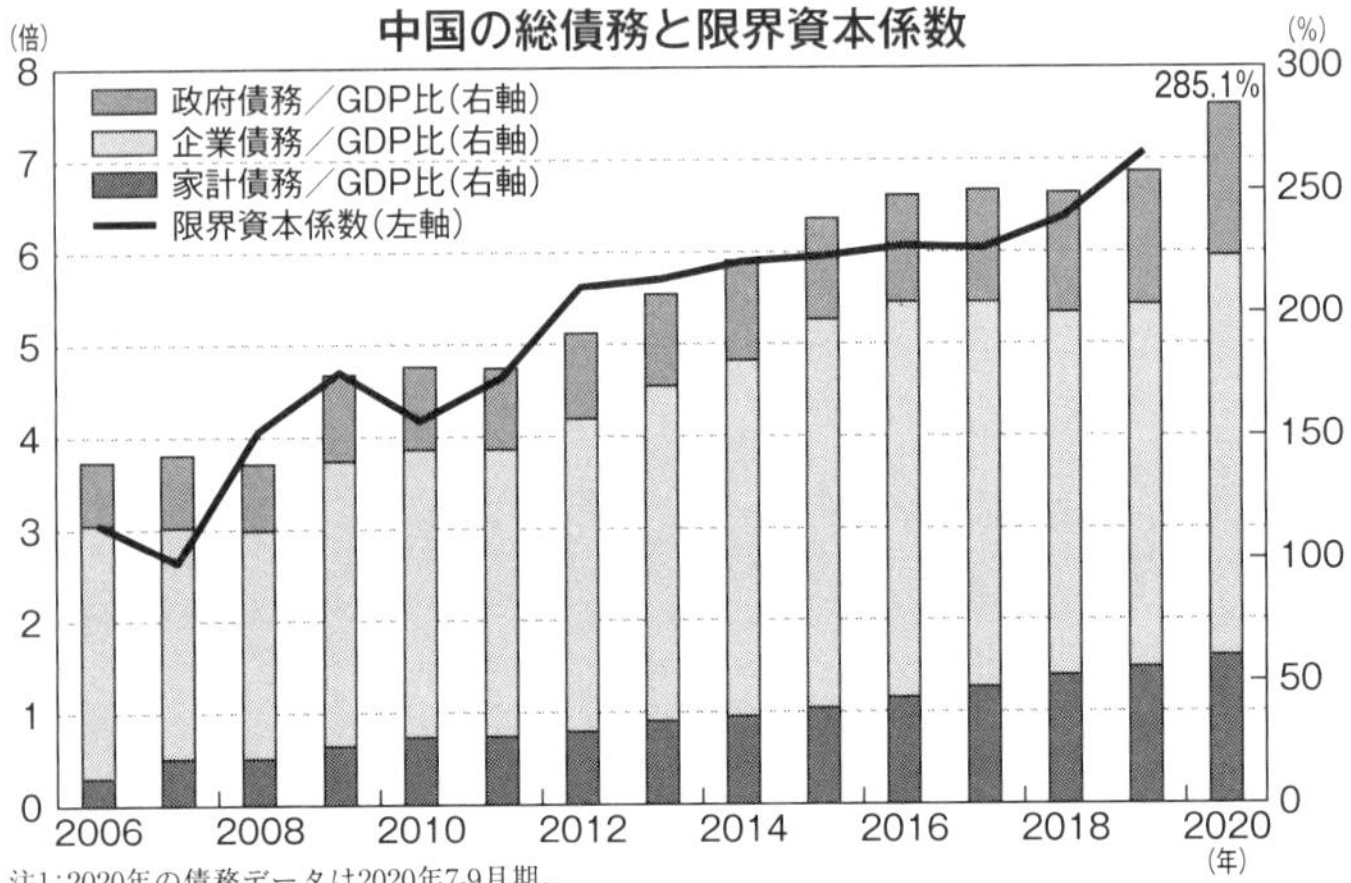

注1：2020年の債務データは2020年7-9月期。
注2：限界資本係数は総固定資本形成の対名目GDP比を実質GDP成長率で割ったもの。係数が大きくなるほど投資効率は低下。
出所：三菱総合研究所「中国経済の内憂外患」より

また中国の不動産ディベロッパー、花様年控股集団（ファンタジア・ホールディングス・グループ）は、2021年10月4日期限の約2億600万ドル（約230億円）の債務が償還できなかった。このことで格付け会社フィッチ・レーティングスが同社の外貨建て長期債務の格付けを「トリプルC」から部分的なデフォルトを示す「RD」へと格下げした。

並行して進んでいるのが、不動産販売の冷えこみだ。中国全体の8月の住宅販売額は、前年同月比で20％減少。情報提供会社ウインドによれば、中国30都市の新築住宅販売は、床面積ベースで前年同月比33％も減少している。

前述したように不動産と関連する建設

業がGDPに占める割合は25％～30％弱なのだから、中国経済全体に与えるインパクトも巨大ということだ。そうなれば、違った角度からチャイナ・ショックが発生するリスクもある。

これまでの中国政府は国策に従って、デフォルトした企業を事実上の国営企業にするなどして救済してきた。そうした経緯から、中国政府がどうにかしてくれるだろうという楽観論もあるが、私は懐疑的だ。その根拠は政府の債務にある。

BIS（国際決済銀行）によれば、中国は2011年以降で非金融債務が対GDP比で100％を超えている。「100％超え」はギリシャとシンガポール、そして中国の3カ国だけである。

債務残高の対GDP比はアメリカとほぼ同水準に達しているのにもかかわらず、金融システムは「政府の鶴の一声」以上の弾力性を持っていない。

独裁国家にはリスクを制御するシステムが備わっていないことはすでに書いた。一度トップが宣言したことは不可能でもやらなければ、トップのパワーが落ちてしまう。計画経済にはバックギアが存在しないということでもある。

次章では前進しか選択肢のない習近平氏が予想していなかった事態と、暴発の可能性。アメリカの対応から米中新冷戦の将来について分析をしてみたい。

第四章

利上げと資源高で世界は一触即発

インフレを生む貨幣発行

2021年11月現在、中国同様アメリカも国内外に多くの問題を抱えているが、特に皆さんの生活に直結するのが「金融」と「資源・エネルギー」だと私は考えている。

この3要素についてのアメリカの対応は、ここまで書いた中国の問題と深くリンクしているのだ。まずは、現在の金融の状況を整理するところから始めたい。

リーマン・ショックは世界中の社会に巨大な経済的ダメージを与えた。この未曾有の厄災で得た教訓が、現在の金融システムは巨大なショックが起こるとドル不足が起こり硬直するということだった。

新型コロナウイルス感染拡大のなかで、人の移動が制限された。各国のGDPのなかで大きなウエイトを占める「消費」が激減するのは明らかだということで、世界各国の株価は暴落したのだ。

まさにリーマンと同様の「硬直」が起こるということで、2020年3月19日、FRBは、従来のドル供給構造に加えてオーストラリア、ブラジル、韓国、メキシコ、シンガポール、スウェーデンの中央銀行と各600億ドル、デンマーク、ノルウェー、ニュージーランドの中央銀行と各３００億ドルのスワップ協定を緊急に締結する。

このＦＲＢの動きにアメリカ、イギリス、ドイツ、フランス、日本、イタリア、カナダの主要先進国「Ｇ７」も連動。２０２０年3月24日、Ｇ７の財務大臣・中央銀行総裁が、「Ｇ７各国の中央銀行は、それぞれのマンデートと整合的に、経済及び金融の安定性を支えるための金融政策上の措置の包括的パッケージを導入するため、異例の行動をとっている。我々は、Ｇ７及び他国の中央銀行の間のスワップ・ラインを含め、流動性及び金融システムの全般的な市場機能を向上させるための行動をとっている」

という声明を出して、ドル供給の連動をアナウンスにした。

大量出血によってＤＯＡ（Dead Or Alive　死ぬか生きるか）に陥った患者に、大量輸血をするようなものだ。リーマンの時には処置が遅れたが、今回は出血点がわからなくても、まずは延命を選択したのである。

こうして世界中にマネーがふんだんに供給された。ところがマネーの出口である実体経済は停滞したままだった。出口をなくしたマネーは金融市場に流れ込み、その結果が次ページの図「日経平均とダウ平均」にあるような曲線である。

需要を超えて大量生産された物の価格が下がるように、貨幣も大量に発行すれば価値が下がる。今まで１００円で買えたものが、「１００円」という通貨の価値が下がることで

日経平均とダウ平均の推移

出所：Google Financeのデータをもとに作成

「100円玉1つ」では買えなくなるということだ。

　第一次世界大戦にGDPの約3倍の戦費を投入しながら敗北したドイツにはGDPの約2・5倍の賠償金が請求された。合計でGDPの約5・5倍の負担に対して、ドイツは大量の貨幣を刷ることで対応。その結果、1918年から23年までの約5年間で実に1兆倍も物価が跳ね上がった。

　発行国の経済規模を超えて貨幣を発行し続ければ、このようなハイパーインフレに陥る。ただしこれは当時のドイツ一国の例で、過去に起こったことを未来から評価している。現在の金融システムのなかで大量発行した紙幣に耐えられる

「経済規模」という器の大きさがどれほどなのかは明確には把握できない。

貨幣発行は物価上昇を様子見しながら、ということになる。

コロナ禍において、世界の金融を滞らせないためドルの供給元であるアメリカは大量のマネーを発行。2020年にはアメリカ大統領選挙が行われたが、コロナ禍での実体経済のダメージに対して、バイデン氏は選挙中に大規模な財政出動を公約にしていた。2021年1月にはジョー・バイデン氏が大統領に就任し、同年3月11日には1・9兆ドル（約200兆円！）の経済対策予算に署名したのだ。

財政出動をしなければ経済問題を解決できず失業率が高まる。一方で、貨幣の大量発行によってインフレのリスクは高くなる。失業率の改善と物価の上昇が同時に起こるのは経済が成長しているサインだ。FRBはそのサインが出るようにドルの供給量を調整し、2つの相対する難題をランディングさせなければならないという難解なミッションを課せられることとなったのだ。

コストプッシュ要因の拡大再生産

ところが現在、アメリカばかりか、日本、ヨーロッパは通貨量とは別な理由で急速なインフレへと進んでいる。

その原因が「資源・エネルギー」と「部材」だ。

21年10月27日に日本エネルギー経済研究所石油情報センターが、同月25日時点のレギュラーガソリンの全国平均店頭価格が1リットル当たり167・3円と発表。その前週より2・7円高で、8週連続の値上がりで約7年ぶりの高値となった。

備蓄と精製には時間が必要だが、最終消費者に供給されるタイムラグによってガソリン価格は約3カ月前の原油価格が反映する。WTI（ウェスト・テキサス・インターミディエイト）原油先物価格は、世界の原油価格の指標となるが、次ページの図「WTI原油先物価格　週足チャート」を見れば、今後、値上がりが続くのは確実ということだ。

21年10月29日に吉野家が、主力メニューの牛丼を値上げしたと発表。「並盛」の店内飲食価格は改定前の387円から39円値上がりをして426円になった。輸入牛肉の値上がりが原因だが、その根底にあるのは原油価格上昇である。オイルの値上がりは生産コストを圧迫するので、物価上昇が全体的に起こるからだ。

先進国の政府は疫病としての新型コロナウイルスと共生する方向に舵《かじ》を切っている。「ワクチン供給も進んで重症化のリスクも減った。インフルエンザみたいなものだから移動制限なんかせずに普通の生活を送ろう」ということだ。消費大国アメリカは制限解除に

郵便はがき

料金受取人払郵便

牛込局承認

8133

差出有効期間
2023年8月
19日まで
切手はいりません

162-8790

東京都新宿区矢来町114番地
神楽坂高橋ビル5F

株式会社ビジネス社

愛読者係 行

ご住所 〒 TEL: ( ) FAX: ( )		
フリガナ お名前	年齢	性別 男・女
ご職業	メールアドレスまたはFAX メールまたはFAXによる新刊案内をご希望の方は、ご記入下さい。	
お買い上げ日・書店名 年 月 日	市区 町村	書店

ご購読ありがとうございました。今後の出版企画の参考に
致したいと存じますので、ぜひご意見をお聞かせください。

書籍名

お買い求めの動機

1　書店で見て　　2　新聞広告（紙名　　　　　　　　　）
3　書評・新刊紹介（掲載紙名　　　　　　　　　　　　）
4　知人・同僚のすすめ　　5　上司、先生のすすめ　　6　その他

本書の装幀（カバー），デザインなどに関するご感想

1　洒落ていた　　2　めだっていた　　3　タイトルがよい
4　まあまあ　　5　よくない　　6　その他(　　　　　　　　　　　　)

本書の定価についてご意見をお聞かせください

1　高い　　2　安い　　3　手ごろ　　4　その他(　　　　　　　　　　　)

本書についてご意見をお聞かせください

どんな出版をご希望ですか（著者、テーマなど）

WTI原油先物価格　週足チャート

出所：Tradingviewより

よって、旺盛な経済回復を見せている。経済大国の消費が拡大する一方で、大国に物資を供給する新興国はコロナ禍が収まらず生産が滞ることになる。前述した『ダークサイド投資術』（講談社＋α新書）で、私は２０２０年４月時点で、こう予測した。

〈スケジュールに従って能動的に生産基盤を移していればコントロールもできるが、世界のサプライヤーが予定外に生産力を減少させることは、世界全体の物資の供給が停滞することを意味している。こうなると日本国内ばかりか世界全体で物を生産したくても販売したくてもできない状況に陥ることは明らかだ。供給の減少が、物価の上昇を生むことはいうま

でもない〉

しかも「部材」「資源・エネルギー」高騰の要因はコロナ禍を通じて、21年11月現在でも拡大再生産されている。各々に分けて整理したい。

「部材」については、すでにコロナ禍以前から内在していた米中デカップリングによって西側から中国への強力な輸出規制が行われ、サプライチェーンの組み替えが起こっていた。

特に影響が顕著なのはあらゆる電子製品のキーデバイス「半導体」で、世界中で半導体の不足が大きな問題になっている。ウェルズ・ファーゴ・インベストメント・インスティテュート社はアメリカのGDPを7％増えると予測していたが、21年10月に半導体不足を理由に6・3％に下方修正した。アメリカのGDPを0・7％も押し下げるほど深刻ということだ。

米中デカップリングによるサプライチェーンの移転先もASEAN諸国、中南米など労働賃金の安い国だ。前述したようにそうした国では新型コロナウイルス感染拡大から脱出し切れていない。そのことで供給の目詰まりが起き、部材の生産性がさらに低下しているのだ。

特に複数の部材を組み合わせる自動車生産は深刻で、21年秋の段階ではメーカーが新型車を発表しても、ユーザーの元に届くまで1年待ちが当たり前となっている。待つ間に購買欲が薄れるのは当然だ。

2021年11月1日に、自動車販売の業界団体は、同年10月の新車販売台数が27万9341台になったことを発表。1968年に統計が始まったが、54年間で最低を記録した。その余波で中古車が活性化し、中古車の価格が上がっている。

「資源・エネルギー」を産出するのも新興国が中心ということになる。経済インフラが未整備ということで、産出国におけるコロナ禍の経済ダメージはより深刻だ。

このサプライチェーンの組み替えとコロナ禍の経済ダメージという「負のシナジー」に対応するために、新たなコストプッシュ（原材料費などコストの上昇が原因で発生するインフレのこと）の要因が生まれている。

例えば資源の「輸出禁止」を政策にした、インドネシアはその好例だ。

インドネシア政府は、2020年1月からニッケルの輸出禁止を行っている。輸出するだけでは埋蔵してある資源を消費するだけの経済モデルから脱出できない。海外企業に工場を建設してもらって「製品」として輸出すれば技術を移転させ、雇用が増えるのだ。元々2022年からの実施だったが、2年の前倒しにあるのはサプライチェーンの組み替えが大きく作用した。

ところが2021年10月19日、インドネシアの大統領、ジョコ・ウィドド氏はニッケル以外の他の資源についても輸出禁止を行う方向であることを示唆した。コロナ禍における経済ダメージからの回復に「資源」を利用した産業誘致を行っていると私は考えている。

地球全体で見た時、北側に経済的に豊かな国が多く、南側には貧しい国が多い。この「南北問題」が、「資源・エネルギー」の産出という観点では逆転しているのだ。インドネシアのような資源輸出禁止ドミノが起これば、資源の入手は困難になる。結果、資源の高騰を招くということになる。

コストをプッシュする要因の拡大再生産リスクは、ますます高まっているといえるだろう。

FRBが異常事態からの脱出を宣言した

現在の世界では、この供給不足に、大量の通貨供給という要素が加わっている。インフレ傾向が何段も上のものになるリスクが常在しているということだ。

もう1つの重要な指標が「失業率」である。

G7については金融緩和と財政出動によって、失業率が新型コロナウイルス感染拡大前

G7の完全失業率の推移

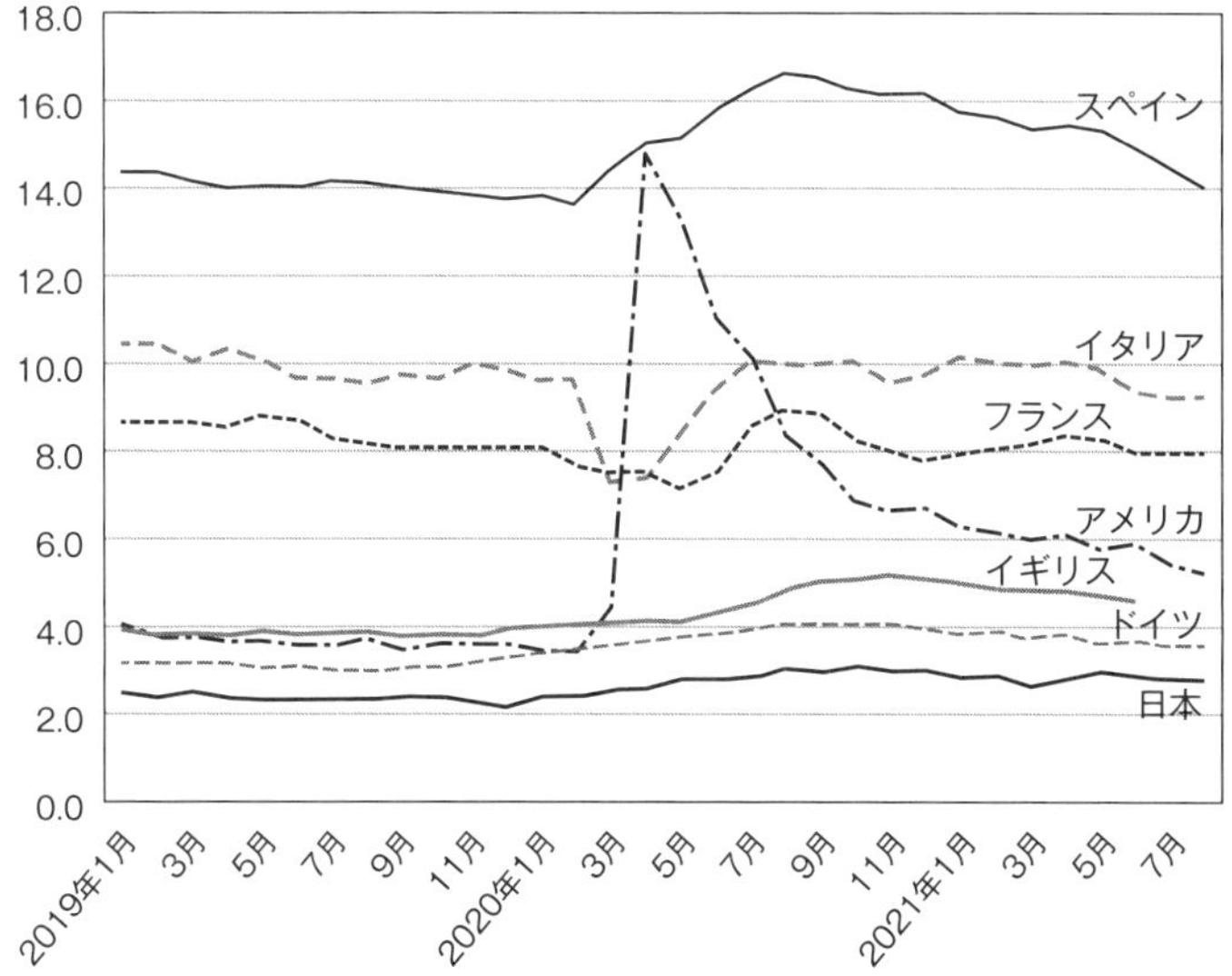

（出所：月次、季節調整済み　2021年10月4日現在「OECD.Stat」より）

	コロナ禍直前	直近		最大値	
	2020年1月		日付		日付
日本	2.4	2.8	2021年８月	3.1	2021年10月
アメリカ	3.5	5.2	2021年８月	14.8	2021年４月
イギリス	4.0	4.6	2021年６月	5.2	2021年11月
ドイツ	3.4	3.6	2021年８月	4.1	2021年11月
フランス	8.1	8.0	2021年８月	9.0	2021年８月
イタリア	9.7	9.3	2021年８月	10.2	2021年１月
スペイン	13.9	14.0	2021年８月	16.7	2020年８月

の水準に近づいているという（前ページ図「G7の完全失業率の推移」参照）。FRBによる「失業率改善」「インフレコントロール」の同時成立という難題は、G7にも共通して突きつけられている。失業率の改善が見られている今、金融政策によってインフレをコントロールするか否かの判断を迫られているということだ。

それこそが2022年から23年に向けた先進国中央銀行のミッションということである。

まず動くことが確定しているのはFRBだ。

日本では「日銀金融政策決定会合」で金融政策を決定しているが、FRBでそれにあたるのが年に8回開催されるFOMC（連邦公開市場委員会）だ。FOMCはFRBの理事7名とアメリカに12地区ある連邦準備銀行の総裁5名によって構成されている。

直近の動きを時系列で整理していこう。

2021年9月21、22日に開催されたFOMCの結果を受けて、FRB議長、ジェローム・パウエル氏は、量的緩和の縮小開始、すなわち「テーパリング」について、「決定するのは、早ければ次の会合（11月）になるかもしれない。経済回復が軌道に乗っている限り、来年半ばごろに終了する緩やかな縮小ペースが適当だろうとおおむね考えている」

と、公表。2020年3月に決定し継続しているマネーの供給を縮小するということだ。

輸血は充分に行って体内にあふれ出しているので、輸血量を少なくしますよという意味である。

「常識的」に考えれば「事実上のテーパリング確定」を受けて、金融市場が混乱するはずである。というのは、2013年に「バーナンキ・ショック」が起こったからだ。

リーマン・ショック後、その対応として金融緩和が継続したが、2013年5月には当時、FRB議長だったベン・バーナンキ氏がテーパリングを実施することを示唆した。ブラジル、インド、インドネシア、南アフリカ、トルコの新興5カ国は高いインフレ率や経常収支赤字、財政赤字等、経済基盤が脆弱《ぜいじゃく》であるという共通点があった。バーナンキ発言からたった3カ月で、レアル（ブラジル）、ルピー（インド）、ルピア（インドネシア）、ランド（南アフリカ）、リラ（トルコ）の「F5」（新興国5通貨）が、最大約20％下落。いずれの国にも経済的ダメージを与えることになったのだ。この「バーナンキ・ショック」は、FRBによるアナウンスが不充分だったため市場が「唐突な発言」と受け止め、混乱したことが原因である。

この教訓からパウエル氏は、かなり前からテーパリング実施の可能性に言及し続けていた。そして21年11月4日にFOMCが開催され11月中のテーパリング開始を明言する。

コロナ禍でFRBは月に1200億ドルの資産を買い増していた。その買い増しも「異様」で、2020年4月3週目からは、「ジャンク債」を買い入れていたのだ。

借金を返さないなど、契約義務を果たさないことを「債務不履行」と呼ぶ。「債務不履行」のリスクが高い会社が社債を起債して資金調達した場合、「ジャンク債」と格付けされる。そのような債券が市場で取引されるのは、ハイリスク・ハイリターンという投機性による。投機は「博打」と置き換えるとわかりやすいだろう。

この時、FRBが購入したのはコロナ・ショックの影響で2020年3月22日以降にジャンク債に転落した社債だ。

本来「天使」であるはずの優良社債だったことから、金融の世界で「堕天使（フォールン・エンジェル）」と名付けられている。とはいえFRBがジャンク債に手を出すのは08年のリーマン・ショック以来のことだ。しかもこの時に、買い取ったジャンク債の格付けはBBマイナスか、Ba3相当以上だ。格付けの説明は割愛するが「博打レベル」の社債を中央銀行が買い取るのは異常事態と評価できる。

ついにFRBは、こうした異常事態からの脱出を決定したということだ。ところが発言前日にはダウ平均、ナスダック指数、S&P500というアメリカ株式市場の3大指標が揃って最高値を更新した。

パウエル氏が金融市場に意図的に「テーパリング停止」という「冷やし玉」を投下したことが機能したようだ。21年11月現在の市場はテーパリングを折り込みながら、暴落せずに済んでいる。

もう1つのインパクト「利上げ」

現在の問題は、前述したようにインフレ傾向が強くなっている点だ。この動きへの対応が「利上げ」である。

銀行の金利を引き上げれば、銀行にマネーを戻した方が得ということになる。ゼロ金利下ではおカネを借りても利息はゼロということで企業、投資家は積極的にマネーを手に入れ金融市場に投下。実体経済の停滞を金融で補っていた。

そうした動きを「利上げ」は転換させるのだ。まるで潮が引くように、市場に漂うドルはアメリカへと向かい吸収されていくということになる。輸血をしすぎて高血圧のような状態になっている状態から、余分な血を抜き取ることで、血圧をコントロールするというイメージだ。

FRBによる利上げ・利下げの効果

	利上げ	利下げ
ドル相場	ドル高	ドル安
米国企業株価	下落	上昇
円相場	円安	円高
日経平均株価	下落	上昇
新興国通貨	下落	上昇
原油価格	下落	上昇

余ったマネーが株式市場に押し寄せていたということで「利上げ」によって株価は下がる。また銀行にドルが吸収され、市場からドルが少なくなるということでドルの相対的な価値は上がる。すなわちドル高へと向かう。通貨高は輸出に不利で、輸入に有利ということで原油や資源の価格は下落する。

通貨高と輸入の関係の理解には慣れが必要ということで、上に「FRBによる利上げ・利下げの効果」を掲載した。

FOMCが「利上げ」「利下げ」を決める要素は失業率（雇用者数）とインフレ傾向である。実際に、FRB議長のパウエル氏は前述した21年9月の会議後、「利上げの判断は雇用の状況次第だ。多くの点で労働市場が非常に逼迫《ひっぱく》しているという興味深い兆候がある」

「2022年を通してインフレ率が高い状況が続けば、利上げの環境が整う」

「目安となるインフレ率」について、コロナ禍における大規模な金融緩和以降、パウエル氏は「2%」と繰り返し公言している。

この「2%の物価高騰の継続」が「利上げ」の基準で、2023年が「利上げ」を実施する可能性のある年だとしているのだ。

「0・25%」の強大なインパクト

FRBによる利上げは1回で「0・25%」というのがこれまでのパターンだ。銀行の利息をイメージして「たった0・25%じゃゼロ金利と変わらない」などと思うのは早計だ。

世界の「基軸通貨」が「利上げ」したインパクトはどれほどのものか——歴史を振り返って整理しよう。

1992年、メキシコ、アメリカ、カナダとの間でNAFTA（北米自由貿易協定）が締結。メキシコは同時に、外国投資の規制緩和や資本取引の自由化、国内金融部門の自由化などを実施した。そのことで海外から大量の資本流入が行われ、外貨準備高も増加した。

しかし1994年、メキシコでは反政府勢力の暴動や、大統領候補者が暗殺されるなどカントリーリスクが高くなっていった。ところがアメリカは94～95年にかけて計7回、合計3％の利上げを行う。メキシコからアメリカにドルが逃げ、輸入が激増し貿易赤字が大きくなる。中央銀行はそれを食い止めようと介入したが、94年末までに準備金をすべて使い果たして財政破綻《はたん》した。

この94～95年にメキシコで発生した通貨危機は「テキーラ危機」（あるいは「メキシコ・ペソ危機」）と呼ばれる。翌95年1月にアメリカが取りまとめる形でIMF（国際通貨基金）から500億ドル以上の緊急融資を受けどうにか落ち着きを取り戻した。しかしテキーラ危機の衝撃はメキシコ1カ国に留まらず、中南米・アジアの新興市場からヨーロッパにも波及し、10カ国以上の国が通貨不安に陥ったのである。

90年代のメキシコはアメリカの金利に揺さぶられたということだ。

こうなる原因は新興国の政治基盤と経済基盤の脆弱性にある。火災が発生しやすい場所に現金の保管場所を選ばないように、政治基盤が不安定化することは投資リスクを上昇させる。さらに新興国の通貨の価値を支えているのはドルということで、ドルが逃げ出すことで通貨が暴落するからだ。

このテキーラ・ショック以来、ＦＲＢは利上げの実施を積極的にアナウンスするようになる。変動相場制の場合、為替はある程度の柔軟性を持つので市場が利上げを織り込めるようにするためだ。

実際に金融システムショックを経験することで、柔軟で弾力性のあるシステムを手に入れている。例えば東アジアにはＡＳＥＡＮ＋３（日中韓）によりＣＭＩ（チェンマイ・イニシアティブ）と呼ばれる通貨融通制度があった。新興国で通貨暴落が起こった時などに、加盟国の2国間で通貨を融通する制度だ。

しかし97年にＣＭＩでは補い切れないアジア通貨危機が発生。２０００年からは2国間ではなく、融通額を倍にして多国間で通貨融通を行えるＣＭＩＭ（チェンマイ・イニシアティブ・マルチ）へと進化させている。

今回のコロナ禍でのＦＲＢとＧ7財務・中央銀行会議によるドルの供給体制の構築は、いわば「世界全体のドル融通のマルチ化」である。そうした柔軟で弾力性のある金融融通システムがショックに有効だということが明らかになっているからだ。

パウエル氏による「２０２３年発言」も、市場が「利上げ」による強力なショックを織り込めるためである。

コロナ・ショック2・0のリスクは消えない

２０２０年1月からのコロナ感染拡大初期における株価の暴落を「コロナ・ショック１・０」とするならば、テーパリングから利上げに至る出口戦略によるショックは「コロナ・ショック２・０」と呼ぶことができるだろう。

ただし、この「コロナ・ショック２・０」を市場が受け止めきれるかは不透明だ。そう考える理由は大きく3つある。第一は、新興国の脆弱性が改善されないままコロナ禍に突入している点だ。

例えばブラジルでは原油高や供給不足によるコストプッシュが原因で物価上昇が終息せず、２０２１年10月28日に中央銀行が政策金利を１・５％引き上げて７・75％にすることを決定した。

アジアでは21年から韓国で、ドル高ウォン安が深刻な局面に陥っている。ウォン＝ドルの危険水域は１ドル＝１１２０ウォンだが、同年10月1日には、１ドル＝１１８４・０ウォンとなり、史上最高値を更新した。

吹けば飛ぶような経済基盤で、「利上げ」という強風に耐えられるのかはわからない。

第二の理由は、いかに整備された金融システムとはいえ、連鎖的ショックを受け止めきれるかどうかという点である。

というのもコロナ禍ですでに金融システムはゴムが伸びきるほどの弾力性を発揮したからだ。テーパリングから利上げへと移行したFRBが再度、ドルを供給するのかは疑わしい。こうなるとすでに用意されているCMIMのような制度を利用して、関係国の準備金に頼ることになる。しかし救済国自身もコロナ禍で疲弊しているのだから、システムがショックに耐えられるのかどうかはわからない。

第三は、はたしてアメリカが2023年まで「利上げ」を待つことができるかどうかという根本的な理由だ。

というのはスタグフレーションの発生だ。2021年6月のFOMCでは21年のアメリカのGDP成長率は7・0%と予測されていた。ところが同年夏からのデルタ株の感染再拡大によって21年9月のFOMCでは5・9%と大幅に下方修正されている。半導体不足で0・7%減速することは前述したが、供給不足は全体的に発生している。

経済成長の減速要因は解決に向かっていない。

その一方で2021年のインフレ率予想値が21年6月の3・0%から、3・7%へと、22年のインフレ率予想値も2・1%から2・3%へと上方修正されているのだ。原因は予想外のコストプッシュである。

経済成長とインフレ率が同時に上昇するのは健全な状況だ。景気減速のなかでインフレ率が上昇する状況はスタグフレーションと呼ばれる深刻な不況だ。給与が上がらないのに、物価だけが上がると考えればわかりやすいだろう。

21年6月に開催されたFOMCでは2022年の利上げ実施について7人が賛成していたが、9月開催時には賛成者が9人に増えた。すでにアナウンスしている2023年の実施については6月開催時には13人賛成だったものが17人に、利上げ回数は6月開催時には2回だったものが9月には3回と増えているのだ。

FOMCができるだけ早く、しかも多く利上げを実施する方向に傾いているということだ。市場が織り込む時間を前倒しした利上げ実施が、コロナ・ショック2・0を呼び込む材料になることはいうまでもない。

貧困層特化型スタグフレーションの深刻化

21年11月に開催されたFOMCによってテーパリングの開始を宣言したFRBだが、会議後の記者会見でパウエル氏は「インフレ」について、こう説明した。

「われわれは辛抱強くなれると考えている。対応が必要な状況になれば、躊躇《ちゅうちょ》しない」

つまり現在のインフレは一過性のものであり、いずれ回復するということだ。さらにパウエル氏は、

「利上げに適した時期とは考えていない。労働市場の一段の回復を目にしたいからだ」

と発言した。

金融対応はスクランブルの準備をしながら、待つ。供給不足については外交などの「政治」によって解決するべきだという認識だと私は考えている。「利上げ」実施のタイミングをますます不透明にしているのが中国の経済状況だ。

アメリカはＮＳＡ（国家安全保障局）など複数の国内機関が新型コロナウイルスについて人工的に生産されたものなのか、自然発生によるものなのかを調査した。２０２１年11月現在、その結果はおおむね自然発生で落ち着いている。

とはいえ新型コロナウイルスの発生源は中国の武漢市だ。

長期の時間軸で国家戦略を遂行する習近平氏の最大の誤算は、自分の足下から発生したウイルスによるコロナ禍だったと私は考えている。

こう考えるのは習近平氏が21年8月17日の中国共産党中央財経委員会で、「共同富裕」を促進すると述べているからだ。２０１８年に「三大堅塁攻略戦」を公表しているが「共

同富裕」の達成目標は21世紀半ばだったはずで、そこに至る「経済格差の顕著な縮小」も2035年が目標だったはずだ。

整理すると「経済格差の顕著な縮小」に言及するのが計画経済の本来の姿のはずだ。ということは「共同富裕」を前倒ししているとしか私には見えない。合理的に考えればコロナ禍を通じては中国国内で格差をますます拡大させていて「格差問題」は喫緊に解決しなければならないほど深刻だということが導き出せるだろう。

なぜ「格差」が喫緊の課題となったのか——中国国内でも予想外に深刻なスタグフレーションが起こりつつあるのではないかと私は考えている。

2021年6月の中国の卸売物価指数は前年同月より8・8％上昇。同年8月9日、中国国家統計局が発表した7月の卸売物価指数は前年同月比で9・0％上昇している。

また21年10月14日に中国国家統計局が発表した9月の生産者物価指数は前年比10・7％上昇となっている。1996年10月の統計開始以来、最も高い伸びを記録したのだ。

ごく少数の中国人富裕層はこの物価上昇に耐えられるが、大多数の市民が耐えられないほどの速度で物価上昇が続いているということだ。まさに貧困層のみに特化したスタグフレーションだが、報じられている以上に事態が深刻でなければ「前倒し」などする必要がないと言えるだろう。

2021年10月8日には、中国政府が民間企業のテレビや新聞、ネットメディアなど報道事業への参入を禁止する方針を示している。ヤクザ社会では抗争や処分など「動き」が起こる直前に組織内で箝口令《かんこうれい》が敷かれるのが常だ。ヤクザの拡大版である中国にも当てはまるはずで、情報統制はそうした「大きなアクション」の前兆と考えるべきだ。

「三条紅線」によって不動産バブルを沈静化しようとしていることは書いた。日本でも「痛みを伴う構造改革」を謳《うた》った政権が、「痛み」だけを残したことがあった。こうして整理していけば、人民に痛みを伴わせて格差を縮小するための「規制」を、いくつも設定することは充分に考えられるということになる。

「三条紅線」から始まった「恒大問題」を、「リーマンとは違う中国の国内問題」とする識者は多くいる。だが、それならば21年9月後半にアメリカの金融市場が揺れた事実をどう説明するのか。

不動産に行われた「レッドライン」は、他の業種にも行われる可能性は充分にある。しかも中国においては、その経済規制も極めて不透明だ。何を理由に、どこに対して「レッドライン」を設定するのかがわからない。

というのは前述したように中国の金融政策は政治によって決まることになる。習近平氏の国家主席就任は鄧小平から分断されているとはいえ、中国国内には江沢民派が隠然たるパワーを持っているのだ。バブル終息は「共同富裕」だけが目的ではなく、江沢民派の資金源を断つ目的もあるというのは中国に投資する投資家の常識だ。

2020年11月3日には、上海と香港での上場を控えていたアリババ傘下のフィンテック企業アント・グループが突如上場廃止になった。アリババ・グループの創業者でアントのCEO、ジャック・マー氏が中国金融当局に対して辛辣《しんらつ》な批判を繰り返したことが遠因とされている。だがアリババ・グループは江沢民派の資金源で、それを断つためだという観測が投資家筋の間では根強くある。

このように中国国内の権力闘争がどこでどう発生するのかなどわからない。FRBはアナウンスを繰り返すことで「唐突感」をコントロールしているのだが、権力闘争が要因となる中国政府の決定は常に「唐突」だ。こうしたことが続いた時、アメリカ市場が「ショック」を織り込めるのかどうかは疑問だ。

株価3割暴落と錯綜する不確定要素

もう1つの不透明な要因が中国の債務だ。

ブラジルを例にして新興国がインフレに悩まされていることも解説した。習近平政権は「一帯一路」によって巨大経済圏の構築を目玉政策としている。その実態はＡＩＩＢ（アジアインフラ投資銀行）を通じて新興国にカネを貸し、肩代わりに港などの拠点を収奪する侵略による中華圏の拡大だ。カネを借りる理由を作ってカネを貸し、相手の資産を接収する「国家ヤミ金システム」は、トランプ政権から「債務の罠《わな》」と呼ばれて強い非難を浴びた。

借りている多くの国は、元々、経済基盤の脆弱な新興国だ。「無い袖は振れない」というタンカは借金取りに対する多重債務者の常套句《じょうとう》である。供給不足からプッシュされたインフレは新興国から「袖」どころか「服」そのものを奪い取っているのだ。

すなわち中国の貸し付けた債務が焦げ付くのかどうかも不透明ということだ。

政治が金融を決定する中国であれば、通貨をいくらでも刷ることで焦げ付いた負債を帳消しにすることはできるだろう。ただし、その行く末は第一次世界大戦後のドイツだ。

２０２１年11月現在はあふれだしたマネーが株式市場を活性化させているバブル状態だ。移動制限によって「巣ごもりマーケット」が拡大。そこに感染脱出バブルが重なりＩＴ系、金融機関から自動車、小売りに至るまでおおむね発表された企業決算が好調なことが株価を押し上げている。企業はゼロ金利によって銀行から資金調達し、金融市場に投資することで利益を上げている。

11月のＦＯＭＣのテーパリング実施を受けてもダウ平均、ナスダック、Ｓ＆Ｐ500の3大指標はいずれも高い水準を維持している。アメリカがくしゃみをすれば、日本は風邪をひくのだから、皆さんの生活にも直結した話だ。

ところでアメリカの利上げは、アメリカの株式市場を下落させる（114ページ「ＦＲＢによる利上げ・利下げの効果」参照）。インフレの調整と、株価の暴落を見ながらの「利上げ」ということだが、実施されればどれほど株価を押し下げるのか——現在のアメリカ市場の株価が2割ほど安くなるというのが、多くのリアリスト型投資家の観測だ。最悪のケースとして3割安を指摘する声もある。それゆえ同9月には下落に備えた金融商品に多額のマネーがなだれ込んだのである。

現在、アメリカと中国はデカップリングを行いながら、アメリカ企業が中国市場でビジネスを行う「ねじれ現象」が起こっている。このような収益構造があるということは、米中両国のショック連鎖はデカップリングできないということだ。

中国が行う経済規制の規模と金融対応が不透明であるがゆえに、市場は恐怖に怯《おび》えながらも、リスクを折り込み切ることができずにいる。チャイナ・ショックと利上げが同時に行われれば、暴落は予測をこえたものになるだろう。私は常に最悪のケースを想定するが、新型コロナウイルスが感染拡大する直前の2020年1月下旬の株価に近い額に戻るのではないかとさえ考えている。

また利上げによって中国経済ももちろんダメージを受ける。そのことでチャイナ・ショックが誘発されるリスクもあるというリスクもある。

このように金融の世界は、複数の不確定要素が満ちた中で揺さぶられ続けるということだ。やはりコロナ禍は終わらないということに行き着くのだが……。

中国で頻発する停電

トランプ政権下のアメリカは中国に対して、ECRA（輸出管理改革法）を発動して強力な輸出規制をかけた。顕著な部材が最新鋭の半導体などに対する規制で、米国産技術を禁輸したのだ。狙《ねら》い撃ちをされた中国の通信機器最大手ファーウェイの2021年1～3月期の売上高は前年同月比16・5％減、純益は26・6％減となっているばかりか、出口がまったく見えない状態になっている。

その一方でアメリカは中国国内で旧型の半導体生産を許可している。というのもこれを規制するとアメリカ企業が大きな損害を被るからだ。この硬軟交えた対中政策はバイデン政権でも継続されている。また中国にとってアメリカは巨大な輸出先であることも変わらない。

不動産問題でも同様の構造だがアメリカと中国は覇権を争いデカップリングを進めながらも、金融や投資面では切っても切れない複雑な関係になっているのだ。アメリカ側はできるだけ国益の損失がでないように脱中国を目指し、中国側はボリウムと独裁制のメリットを最大限に生かして脱アメリカから覇権に迫ろうとしているということになる。

ただし国家戦略という観点に立つとアメリカにあって、中国にないものがある。それは石油とドルだ。

まずは石油、すなわちエネルギーから考えていきたい。

アメリカは２０００年代後半から起こった「シェールガス革命」によって、「産油国」になった。また石油、天然ガス、ウランなどエネルギー取引の決済通貨は「ドル」が支配している。そればかりか穀物取引もドルの支配下にあるのだ。そのドルをアメリカは無限に刷ることができるのである。

対する中国は石油のほとんどを輸入に頼っている世界最大の石油純輸入国だ。ドルも石油もない中国の国内で２０２１年になって「停電」が頻発しているニュースを読んだ人も多いのではないだろうか。

日米中の電源構成比

	中国	日本	アメリカ
石炭	63	31	20
石油	0	4	1
ガス	3	34	39
原子力	5	4	19
自然エネルギー	29	22	21
その他	0	5	0

出典:IEA, Monthly Electricity Statistics-Data up to December 2020より

石油が出ない一方で中国は世界最大の石炭生産国だ。エネルギーの輸入依存度を下げなければ、エネルギー安全保障が担保できない。そこで、中国では電源の大半を石炭火力発電に頼っている。

中国は世界最大の石炭消費国でもある。

中国では経済成長とともに電力消費量は上昇の一途となっている。中国国家発展改革委員会の発表によれば2019年の7兆2300億kWh(キロワットアワー)から20年には3・1%増加したという。参考として2015年の日米中の電力消費量を比較すると、日本の9492億kWh、アメリカ3兆7808kWhに対して中国は4兆8768kWh

だ。

実に日本の5倍以上、アメリカの約1・2倍という規模である。中国の電源構成比を見ると石炭は全体の63％となっている（図「日米中の電源構成比」参照）。電力消費量も莫大ということで石炭の消費量もまた莫大ということだ。いくら産出量世界一でも不足が起こるので、輸入も行う「石炭大国」である。

こう整理すれば停電の原因は石炭の不足のように思えるかもしれない。だがことはそう単純ではない。なぜなら中国では金融だけでなくエネルギーも「政治」によって決まるからだ。

環境問題とはマネーの問題に過ぎない

ここでもう一度思い出してほしいのが2018年の「三大堅塁攻略戦」だ（80ページ図「三大堅塁攻略戦」参照）。環境問題について2020年までには「環境対策　空気をきれいにして青空を取り戻す（青空防衛戦）」とあり、35年には「環境の回復」をとしている。

IEA（国際エネルギー機関）が計算した、発熱量当たりのCO_2排出量を算出した数値によれば石炭（無煙炭）1・122に対して、ガソリンが0・791、灯油が0・821、軽油は0・846となっている。

中国は石油よりはるかにCO_2排出量の大きな石炭を主電源として莫大な電力を生産しているのだ。すなわち「環境対策」についての計画がまったく進んでいないということになる。

しかも習近平氏は、2020年9月の国連総会で、30年までにCO_2（二酸化炭素）排出量をピークアウトさせ、2060年には「カーボンニュートラル」を実現すると表明しているのだ。

こうしたことから一部のメディアでは中国が環境政策を優先して、計画停電によって石炭消費量を政策的に抑えていると報じられている。

だが私はこの観測に強い疑義を持っている。

中国では原子力発電と再生可能エネルギーが飛躍的に伸びていると報じたメディアは数多くあった。しかし蓋《ふた》を開ければ中国のエネルギー生産の主役は相変わらず石炭なのだ。ジャーナリズムなど存在しないことはすでに書いたが、メディアの報道にはたっぷりツバを塗るのが正解ということになる。中国政府が環境優先で計画停電を行っているという「珍説」の背景に、スポンサーとの関係を疑う方が自然だ。

そもそも太陽光や風力発電は生産活動にはまったくといっていいほど適さない発電方法

だ。工場は計画的に生産されるのに対して、自然は制御できないからだ。大規模の電力を受け止めるだけの蓄電システムは存在しない。そもそうした蓄電システムを生産した時の環境負荷は莫大だ。原発のように需要を超えて大量の電力を生産し垂れ流す発電システムが実は経済的に合理的で、環境負荷も少ないということになる。

こう聞くと「非科学的だ」と数字を並べてヒステリーを起こす環境カルト信者が多くいる。だが制御不可能なエネルギー源で、どうして計画生産ができるのか。それこそ非科学的だとしか私には思えない。

後述するが「環境問題」とは地球や人類を環境汚染から守るための「善行」でもなんでもない。ただのニューエコノミー（新たな経済構造）、すなわち「新たなマネー生産の問題」なのだ。

あらゆる物資が高騰する状況にあって、石炭も他の資材同様に高騰している。中国国内での石炭の先物価格は21年10月19日まで最高値を更新し続けていた。供給サイドは儲《もう》け時とばかりに、市場への売り惜しみを行った。供給を絞れば絞るほど笑いが止まらないほど儲かるのだから当然だ。

こうして石炭が不足し、発電所で発電すればするほど損失が膨らむ構造になったということだ。

露呈した脆弱なエネルギー安全保障

そこで中国政府はまず「電力消費」に対して圧力をかける政策を取った。環境問題はこの「消費抑制政策」への格好の理由となったということだ。はじめにあったのは「環境」でも何でもなく、「マネー」に過ぎない。

こうして「計画停電」が行われた。問題は生産量の落ち込みで、ゴールドマン・サックスがエネルギー問題を理由に中国の２０２１年成長率の予測値を８・２％から７・８％に下方修正したほどだ。

だからこそ、中国政府は石炭の価格抑制に動いたのである。

21年10月19日には国家発展改革委員会が、石炭生産を引き上げることを目指すとともに、港や鉄道を通じた石炭輸送を優先させる方針を明らかにした。また、同日、副首相の韓正副《かんしょうふく》氏が、石炭の投機やため込みに対して「強力な措置」を行使することを公表した。

この結果、先物価格が翌20日から下落。11月１日には国家発展改革委員会が、国内の石炭の価格安定化と供給の大幅改善を発表することになった。

もし中国が環境を優先して計画停電を行っていたとするならば、石炭が高かろうが、供給が不足していようが構わないはずだ。停電問題が明らかにしたのは中国の「環境優先姿勢」でもなんでもなく、コロナ禍によって中国のエネルギー安全保障の脆弱性が露《あら》わになったものだと私は考えている。

こうして「取りあえず」のエネルギー危機に対応した中国だが、さらなる圧力をかけているのがアメリカだ。

バイデン氏は就任直後の21年1月29日に気候変動が外交政策と国家安全保障の中心になることを大統領令で明記した。漠然として意味不明に思えるかもしれない。だがアメリカの外交と安全保障を支えているのは、米軍という最強の暴力だ。すなわち環境を暴力として使うということになる。

そのことが明らかになったのは、中国が石炭問題を終息させた前日の21年10月21日のことだった。この日、バイデン氏は、欧州委員会委員長、ウルズラ・フォン・デア・ライエン委員長と会談。アメリカと欧州が鋼鉄、アルミニウム貿易について報復関税の停止などで合意した。背景にあるのは、欧米市場からの中国製鉄鋼の排除が目的だ。しかし会談後の会見でバイデン氏は、

「中国のような国の『汚い鉄鋼』がわれわれの市場に接近するのを制限する」

と述べた。CO_2排出量の多いエネルギー源を使った製品を市場から駆逐するという意

味しかない。

バイデン政権のアメリカは軍という実暴力ではなく、環境問題というイデオロギーを暴力に転換して中国を追い込むということだ。イデオロギーを武器にすれば、軍事費よりはるかに低予算で中国を封じ込めることができる。

まさに環境を使った外交・安全保障政策ということだ。

前述したように中国が自国生産できるエネルギー源は石炭しかない。バイデン氏が笑顔で語る「環境政策」は、白頭鷲の爪として中国の輸出戦略やエネルギー政策を切り裂こうとしているのだ。

合理的に整理しながらこの答えにたどり着いた時、私はアメリカの獰猛《どうもう》な素顔に震撼《しんかん》せざるをえなかったが。

高まる資源戦争のリスク

バイデン氏が環境を暴力に転化した翌日の21年11月1日にはCOP26（国連気候変動枠組条約第26回締約国会議）が開催された。参加を見送った習近平氏は、ビデオ演説の機会も与えられなかった。一方インドの首相、ナレンドラ・モディ氏は2070年までのCO

排出量ゼロ実現を発表した。[2]

日米豪印はＱＵＡＤを結んでいる。インドは対中姿勢で「玉虫色」を保ってきたが、「環境」というイデオロギーであれば協力しやすい。オーストラリアは環境問題から距離を置いているものの対中姿勢は強硬そのものだ。中国の包囲網が改めて構築されつつあるということになる。

そこで中国が、どう動くのかという点について考えていきたい。

すでに解説したように習近平氏には毛沢東を超えようという野心がある。つまりアメリカによるイデオロギーの暴力にも屈しないということだ。エネルギー安全保障を考えれば、中国は石炭以外の「独自のエネルギー源」を入手しなければならないということが導き出せる。

再生可能エネルギーでは経済を計画的に運営することはできない。自然エネルギーはエネルギー政策における刺身のツマであって、刺身そのものではない。

重要なのは「生の資源」ということになる。

そこで考えなければならないのが南シナ海だ。日本ではあまり知られていないかもしれないが、南シナ海は大量の天然ガスが埋まっている資源の宝庫だ。断言できる理由は私が石油ビジネスをしていたからで、エネルギー業界では常識である。南シナ海を入手すれば、中国共産党が滅びるくらいまでエネルギーを含めた大量の資源を中国は手に入れることができるのだ。

すでに中国は南沙諸島を中心にして南シナ海に進出しているのだから、「環境」というイデオロギーで追い詰められれば「掘削」を始める可能性が高いと私は考えている。

しかも南シナ海は中国が戦略原潜を沈ませる絶好のポイントだ。核兵器の保有国同士が核兵器を使用しないためには、相互の国の核戦力が均衡する「相互確証破壊」の構造にならなければならない。その時に鍵になるのは地上から発射するICBM（大陸間弾道ミサイル）ではない。

鍵になるのは誰にも知られることなく潜み、大量のICBMを発射できる戦略原潜だ。実際に冷戦時代の米ソ間では、戦略原潜によって相互確証破壊の構造が成立していた。

このような防衛安全保障上の理由もあって、この海域にはアメリカ、イギリス、オーストラリアなどが艦艇を派遣し演習を行っている。この3カ国は2021年9月15日に、軍事同盟AUKUSを締結。同時にオーストラリアがアメリカとイギリスから攻撃型原潜の開発技術を供与されることが発表されたが、これも中国が南シナ海に潜ませる戦略原潜への対応である。

中国が南シナ海を掘るということは実効支配から侵略ということになるのだから、同海域での紛争リスクは極めて高くなるということだ。

持たざる者は血を流す覚悟を持つ

中国の軍事力を評価する時、日本の防衛関係の識者は中国軍のステルス戦闘機や空母の保有数などを基準にすることが多い。

だが知人のロシアマフィアは、これを「意図的な過大評価だ」という。

ロシアマフィアはロシアの防衛産業と深く関与している。小規模の反政府ゲリラから、アメリカから制裁対象になっている北朝鮮やイランまで、武器取引にはロシアマフィアが仲介になることが多い。ロシアマフィアは組織内にも元特殊部隊の出身者がいて、「黒い軍事コンサル」だ。お得意様についての高い精度の情報とインテリジェンスを持っている。

中国軍のステルス戦闘機「J-20」の開発技術は、ステルス技術で先行するアメリカの技術が盗用されている。ステルス機のキモの1つはレーダー波を反射させない形状にあるのだが、実のところ形を真似ればステルス性能が付与されるというほど単純ではない。

またステルス性能はレーダーだけではなく、赤外線に対しても発揮されなければならない。赤外線の排出源はエンジンである。だからアメリカのステルス戦闘機は、アフターバーナーというエンジンの出力を上げる装置を使わずに音速で飛行できるスーパークルーズ性能を備えているのだ。排出熱が探知されないよう、多くの工夫がなされてもいる。

つまりステルス機のもう1つのキーデバイスとなるのはエンジンなのだが、エンジンの開発には特殊鋼などの素材も含めた長い技術蓄積がなければ不可能だ。必要なのは盗んだ技術ではなく基礎技術の蓄積で、そのためには開発の時間が不可欠となる。

中国もエンジンを自国生産しているが、ベースにしているのはロシア製の古いエンジンだ。空母にジャンプ台が付いているのは出力が足りないためで、空母の艦載機はミサイルや爆弾を大量に積んで離陸できないということになる。兵器を飛ばせない空母は、ただの輸送船に過ぎない。

もちろん日本の防衛関係者もこのことは知っているが、戦闘機や空母は大型の「ハコ物」だ。「ハコ物」を使って視覚的に強調した方が有権者の支持を得やすい。つまり防衛予算が降りやすいというのが「意図的な過大評価」の背景だ。中国軍の本当の脅威はミサイルにある。見た目はただのミサイルなので、有権者には「脅威」が理解できない。

特にマッハ7〜8で変形軌道で飛翔する最新鋭の極音速ミサイルは、現在まで精度を実現できていないが現在の防衛システムでは防衛不可能な兵器だ。中国はこの種のミサイルを保有している。また中距離、長距離ミサイルを大量に保有しているのだ。

ボリウムという一点ではアメリカと勝負できるということだ。

「三条紅線」などによる格差解消、「CO_2ゼロ」などを目標に掲げている習近平氏だが、14億人の「共同富裕」を実現できる確率は10％にも満たないというのが私の予想だ。わかりやすい根拠は中国が抱える債務が莫大であるにもかかわらず、金融システムが政治によって支えられているからだ。中国の政治システムは法治ではなく人治だ。政府に抵抗すれば、躊躇なく逮捕され、簡単な裁判を経て収監されるのだから暴力による「暴治」という方が正確だ。

金融も同様に「暴治」なのだが、それには限界がある。もし限界がないのなら、ソ連はまだ生き残っているはずなのだから。

鎖国状態にして、14億人の内需国家を構築することは可能だ。しかしそのためには14億人のための食料、資源、エネルギーの自給が必要だ。そうした戦略物資については現在でも輸入に頼っているのに、将来それらを自給できる保証もない。

鎖国化するにせよ国際経済、国際金融とのアクセスを限定化することしかできないということになる。

ところが新型コロナウイルスを中国が発生させ、拡散したことで世界中の国で予想外に反中感情が高まってしまった。相手が言うことを聞かない時に強い言葉でけん制する恫喝《どうかつ》外交は中国の得意技だが、あれが通用するのは日本だけだ。

２０２０年９月にはチェコの上院議長が、台湾を訪問。中国外相の王毅《おうき》氏がチェコに対し「重い代償を払わせる」と宣言し、中国政府はチェコ製品の禁輸措置を講じた。また21年1月にはオーストラリアの外相、マリズ・ペイン氏が中国政府に対し、新型コロナウイルスの発生源などを調べるＷＨＯ（世界保健機関）の国際調査団を「直ちに」受け入れるよう求めた。中国政府はオーストラリアの石炭などに事実上の禁輸処分を行った。このことで中国の海上にはオーストラリア産の石炭を積んだ船が停泊することになった。石炭不足に喘《あえ》いだことはすでに解説したが、21年11月にはその一部をこっそり陸揚げしたことを、フィナンシャル・タイムズがすっぱ抜いている。

アメリカもヨーロッパも「遺憾砲」などという手ぬるい手段は使わない。

中国では世界に蔓延した反中感情を親中に切り替える手段がないのが現状だ。

多くの要素から習近平氏が毛沢東になれる確率はかなり低いということが導き出せるだろう。このままでは失うばかりで、活路を開けないということだ。

ヤクザの世界で広域組織と独立組織が抗争を行った時、広域組織が苦戦させられることが実は多い。あらかじめ持たざる者は、戦に勝てば得ることしかない。対して持つものが勝っても喪失しかないからだ。

ベトナムがアメリカに勝利し、アフガニスタンがイギリス、ソ連、アメリカを退けた理由もここにある。

広いエリアでアメリカと全面戦争をすれば中国の敗北は確定的だ。だが南シナ海という中国のミサイルがカバーできる狭い領域であれば、話は別だと私は考えている。中国にとっては資源と相互確証破壊の保証という2つを得ることができるのだ。敵対するアメリカは喪失するものしかないのだ。

コロナ禍では中国のエネルギー安全保障の脆弱性が露呈した。私はこの点から南シナ海の動向を注目している。

第五章

暗号資産が「ニューエコノミー」に許された理由

コロナ禍が作り上げた暗号資産ビジネス

コロナ禍という負のインパクトを通じて、人類は「欲望」を一段上のステージに向け始めたのではないか。その志向性がニューノーマルへと社会を変え、新たなマネーの生産地を開拓しているのだから。

第二次世界大戦末期にドルが基軸通貨となって以降、自由主義圏の経済はアメリカが作ったルールのなかで発展する。アメリカはルールを破ったものに、米軍という世界最強の暴力を躊躇《ちゅうちょ》なく行使した。したがって東西冷戦が終結した1989年以降の世界は「ドル＝暴力体制」という言葉でまとめることができるだろう。

この「ドル＝暴力体制」が部分的に行き詰まった結果が、中国の台頭だ。すでにアメリカの欲は満たされつつあり、より貪欲な国がアメリカを凌駕《りょうが》しようとしたということだ。原始共産主義、王政、専制政治、社会主義と、どの経済システムも時間とともに疲弊するが、アメリカの一部経済活動は発展の限界に達しようとしていたということでもある。

より遠くに行きたいという欲望が自動車を生み出し、より早く移動したいという欲望が飛行機を生み出し、より多くを伝えたいという欲望がインターネットを生み出した。欲望こそが新たなビジネスの苗床である。コロナ禍における天文学的な金融緩和とマネーの生産のシナジーが「よりマネーを増やしたい」という欲望を生んだ。

私は拝金主義を脊髄反射的に否定していない。良い投資をすれば起業家、篤志家と呼ばれ、悪い投資をすれば政商、成り上がりと呼ばれるように、拝金主義の評価は得たマネーをどう投資するのかで分かれるからだ。

必要ではなく、拝金が発明の母となりアメリカはニューエコノミーを作り上げている。それに伴ってニューリッチという新興富裕層も生まれつつある。

実際に私が「博打」と評していた暗号資産が新たな形で金融商品化された。GAFAの一角であるFacebookは社名を「Meta（メタ）」に変更した。ばかりかアメリカの4大IT企業、Google、Apple、Facebook、Amazonを総称したGAFAそのものが組み替えられ、EV大手「テスラ」を加えたGAMATになろうとしているのだ。

こうしたニューエコノミーに産声を上げさせた要因が、大量に供給された大量のドルだが供給は続くのか――21年11月にFRBは利上げ実施を否定した理由をインフレが一過性であること、労働市場の回復を優先するとしたことはすでに書いたが、気になる「噂話」

がある。大手機関投資家に所属する複数の知人によれば、アメリカはコロナ禍の前から、大量のマネーを供給しようとしていたというのだ。

トランプ政権時代の政策によってアメリカではほぼ完全雇用の状態になった。失業率とインフレ率は、失業率が下がればインフレ率が上がるトレードオフの関係だ。ところが完全雇用に近い状態が成立したのにもかかわらず、アメリカ国内では予想通りのインフレが起こらなかった。

この状況と似ているのが80年代のイギリスとアメリカで起こったスタグフレーションだ。この時は原油高によって物価が押し上げられ、失業率が上昇したが、供給が不足していたことが原因だった。そこで規制緩和が行われスタグフレーションから脱出したのだ。

トランプ政権時代には完全雇用が成立し、グローバリズムによってサプライチェーンを整備したことで物の供給については満たされていた。そこで一部の金融政策の担当者は「マネーの供給が不足しているのではないか」という仮説にたどり着くことになったという。第一次世界大戦後のドイツは経済規模以上の通貨発行によってハイパーインフレーションに陥った。アメリカの場合は逆で、経済規模に比べてマネーの量が足りないのではないかということだ。

現在のバイデン政権の財務相、ジャネット・イエレン氏は２０１４年から18年までＦＲ

Bの議長を務め、金融緩和に積極的な「ハト派」だ。いくら通貨を発行しても国家は破産しないというMMT理論（現代貨幣理論）は一種の都市伝説であると私は評価している。が、このコロナ禍にあってアメリカがMMTにかなり近い金融政策をしているのは事実だ。

現在のマネーの量が、アメリカの経済規模にちょうどよいと考えている可能性があるのだ。アメリカ市民の所得が一段上に成長すれば、インフレは大きな問題ではなくなるという説は一応成立する。このことを単なる噂話として処理できないのは、これから分析するコロナ禍バブルが生んだ「ニューエコノミー」にある。

大量のマネー供給によって拝金主義の拡大再生産が行われる以上、ニューエコノミーは次々に生まれてくるだろう。そのなかにはもちろん「一発屋」的なものもある。ニューエコノミーのどれが「ノーマル」になっていくのか——1つ1つ検証していこう。

「ビットコイン」の価値のステージが上がった

まずは暗号資産から整理していきたい。というのは、暗号資産がFacebookの社名変更から将来予想へとリンクしていくからだ。

コロナ禍では大量のマネーが供給されたが、実体経済の停滞によって行き場をなくしたマネーがなだれ込んだ先の1つが投機市場だ。なかでも顕著だったのが「ビットコイン」取引市場である。

2020年から急速に「ビットコイン」のボラティリティ（価格変動の度合い）が高くなったことは、次ページの図「ビットコインの価格推移」を見れば理解できるだろう。新型コロナウイルス感染拡大直前には100万円の壁の下を漂っていた1BTC（ビットコイン）価格は、21年11月4日には1BTC＝約718万円と7倍にも跳ね上がっている。

いうまでもなく「ビットコイン」は極めて「投機性の高い金融商品」だ。「投機」と表記すると、なにか正しいマネーの運用方法のように勘違いする人もいるだろう。

だが「投機」とは「ギャンブル」「博打」とまったく同じような意味だ。

そもそもビットコインを「通貨」と称していることが間違いだ。通貨には「価値の保存」「交換・決済手段」「価値の基準」という3つの機能が必要だが、ビットコインはボラティリティが高すぎてこの3条件を満たすことができない。

投機対象としてビットコインが魅力を持つのは値動きが激しいからだ。朝100円だったコーヒーが夕方には1万円になっているようなハイパーインフレーションを起こしている国の通貨と同様、ビットコインには「価値の保存」能力が欠落している。

ビットコインの価格推移

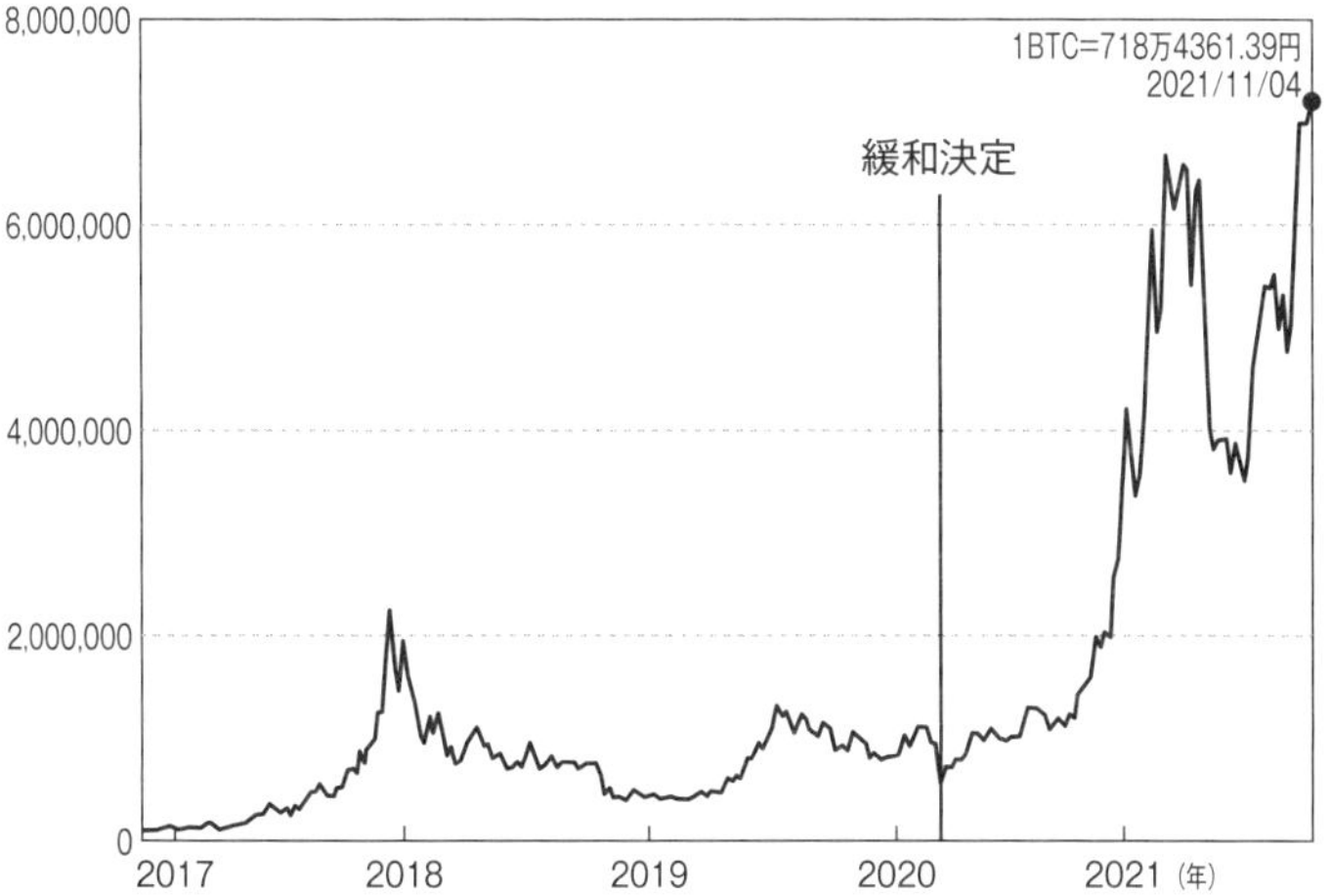

ビットコインを実際に決済手段として使用できるインターネットサイトがあるにはあるが極めて限定的だ。ボラティリティの高さから取り扱いをやめる代理店も増えていて、「交換・決済手段」としての普及は進まない。ボラティリティの高さは同時に「価値の基準」の設定を困難にしている。

ところが2021年10月15日に、資産運用会社のプロシェアーズが申請していたビットコイン先物ETF（Exchange Traded Fundsの略で「上場投資信託」）をSEC（アメリカ証券取引委員会）が承認する。

SECに初めてビットコイン関連ETF上場を申請したのは、Faceboo

ｋ創設時に創設者のマーク・ザッカーバーグ氏と対立したウィンクルボス兄弟で、２０１３年のことだった。以来、ビットコイン業界は関連ＥＴＦ上場を宿願として、その実現に血道を上げてきたが、ＳＥＣが退け続けてきたのだ。

暗号資産関連ＥＴＦの初承認からわずか4日後の同年10月19日にはＢＩＴＯ（プロシェアーズ・ビットコイン・ストラテジーＥＴＦ）取引が開始。たった2日で運用資産10億ドル（約１１４０億円）を超えるほどの勢いだ。

ＳＥＣは暗号資産関連ＥＴＦの拡大に向かっていることは間違いない。

そもそも「投機」とはいえビットコインで儲けたければビットコインを直接売買すればいいのだ。あえて金融商品化することの意味がわからない人も多いだろう。何より投機的な資産をベースにした、この金融商品はまともなのか。また、これまで幾度となくビットコイン関連ＥＴＦを退けてきたＳＥＣが、なぜこのタイミングで承認したのかなど疑問が数多くあると思う。

日本の投資家も暗号資産関連ＥＴＦには注目していて、いずれ皆さんの常識となり実際に投資を行う人が増えることも確実だ。相手の正体を知らずに手を出すことは、最大の損失リスクを抱えることだ。まずはビットコインの正体について解説していこう。

ビットコインの正体

まずは日本における「暗号資産」の在り方から整理する。

2019年5月31日には改正資金決済法と改正金融商品取引法が参議院本会議において可決・成立し、「仮想通貨」は「暗号資産」という名称に定まった。「仮想通貨」という名称をいまだに使用するメディアは自ら読者に大きな誤解を与え、最終的には読者の損失を招いていることを自覚するべきであると私は考えている。

すべての暗号資産の土台になる技術が、「ブロックチェーン」だ。

ブロックチェーンは「分散型台帳」と訳される通り、複数の場所に同じ情報を保管するという仕組みである。詳細な技術的解説は割愛するが、暗号資産は一般のインターネット回線を使い、高い匿名性を維持しながら事実上改竄《かいざん》が不可能な、極めて高速な資金移動を可能にするのである。

このブロックチェーン技術開発には国際政治の問題が関係している。2014年のウクライナ危機でロシアは金融制裁対象になり、これに伴ってロシアの銀行はビザやマスターカードなどのクレジットカードすら扱えなくなった。

アメリカを中心とした国際社会での金融戦争で苦汁を舐《な》めているロシアはアメリカの金融支配のなかに入らない、新たな金融システムを模索した。そこで開発されたのが暗号資産の基本となるブロックチェーン技術である。

こうして開発されたブロックチェーン技術を土台にして「ビットコイン」が完成した。そのきっかけは、「金融」に対する「不信」の膨張にある。

2008年10月、「サトシ・ナカモト」を名乗る人物がネット上で暗号資産の土台となる論文を公開。その1カ月前にリーマン・ブラザースが破綻して、世界中で「リーマン・ショック」による金融不信が膨張し、既存の金融から「新たな金融」への要求が高まった。論文は匿名性と改竄不可能という2つの特性を持つ「ブロックチェーン技術」を応用して「ビットコイン」という暗号資産となって結実する。

そもそもネット上の「情報」に過ぎないビットコインが、なぜ価値を持つのだろうか。「暗号資産＝ビットコイン」と思い込んでいる人もいるかもしれないが、暗号資産は大きく2種類に分けることができる。

1つが、決済システムとして、中央銀行や民間銀行などが開発している「ステーブルコイン」と呼ばれる暗号資産。もう1つが「ビットコイン」などの投機性の高い「非ステーブルコイン」と呼ばれる暗号資産だ。

両者の決定的な差は「資産の担保」だ。

中央銀行や、各国の金融庁が許可を与えた民間銀行の開発する決済システムとしての暗号資産は発行主体が明確で、国家が発行する自国通貨やドルなどの「強い資産」によって価値を担保している。こうしたステーブルコインは通貨の3条件を満たしていて価格の変動幅が少ない。

対して「ビットコイン」などの非ステーブルコインは、発行主体が何を担保にしているのかが明確ではない。そもそも論文の発表者である「サトシ・ナカモト」は日本名だが、その正体は2021年の現在でも明らかになっていないのだ。

デジタルの世界のなかで生まれたビットコインなどの暗号資産は、過去の取引履歴のデータとの整合性を取りながら取引の承認・確認作業を行う。

この作業は採掘を意味する「マイニング」(mining)と呼ばれている。

2021年11月現在、日本では国家が価値を担保するステーブルコイン型の暗号資産はない。ということで「資金決済に関する法律」では「暗号資産」が、次の性質を持つものと定義されている。

①不特定の者に対して、代金の支払い等に使用でき、かつ、法定通貨(日本円や米国ドル等)と相互に交換できる

②電子的に記録され、移転できる
③法定通貨または法定通貨建ての資産（プリペイドカード等）ではない
法定通貨によって価値を担保されていないので「通貨」でも「準通貨」でもなく、「資産」ということだ。すなわち非ステーブル型暗号資産は、出所不明で、発行主体もなく、裏付け資産もない。「富」を担保するものは存在せず、「価値があるかもしれない」という幻想が価格を高騰させてきたということである。

高額で取引される「ビットコイン」とは、実は「子供銀行券」となんら変わらない通貨もどきの「何か」ということになる。ところがその「子供銀行券」はボラティリティを生む2つの要素を持っている。

1つは交換所などを通じて基軸通貨「ドル」と交換することができる点だ。

もう1つは、発行枚数上限が2100万枚と決まっている点である。

この特性によって、需要と供給のバランスが大きく崩れた時、ビットコインのボラティリティが大きくなるのである。ビットコインの「投機性」をより明らかにするために、そのボラティリティの歴史を振り返っていこう。

ショックのたびに甦るビットコイン

リーマン・ショックという強烈な金融不信のなかで産声を上げたビットコインは、リーマン・ショックの余波のなかで「暗躍」することになる。

リーマン・ショックの影響で２００９年、ギリシャが債務超過に陥る「ギリシャ危機」が発生。ギリシャのマネーはＧＤＰの4倍以上を国内銀行が預かる世界有数の金融立国、キプロスになだれ込んでいた。結果、ギリシャ危機の影響で、２０１３年にキプロスの金融機関が経営危機に陥る。リーマン、ギリシャに連鎖的に発生した、この「キプロス・ショック」に対してＥＵが救済の条件として求めたのが、銀行の預金封鎖だ。

この時、預金者の一部が「ビットコイン」を使って、大量の資産を国外に避難させ封鎖による資産凍結から逃れたのである。

これまで国外に資金を移転させる方法のメインストリームは、ほぼすべての金融機関が備えている「ＳＷＩＦＴ」（「スイフト」＝国際銀行間金融通信協会）のシステムだった。金融は個人情報ということでＳＷＩＦＴのデータは秘匿されていたが、２００１年9月11日にアメリカ同時多発テロ事件が発生して状況が一変する。９・11の被害国であるアメリカは、「テロ抑止」のため黒いマネーの流れを把握することを目的に、ＳＷＩＦＴをこじ開けたのだ。

キプロス・ショックで周知されたのは、ビットコインを使えば、国際社会の監視下にあるＳＷＩＦＴ以外でも、国外への資金移転が簡単にできるということだった。

このスマートフォンを使った「掌の地下銀行」に暗黒街の住民が群がることになる。麻薬や売春、テロ資金などありとあらゆる世界中のアンダーグラウンドマネーが、ビットコインを使って資金を移転し始めたのだ。

ビットコインの持つ「資金移転」の性質をフル活用したもう１つの勢力が中国人富裕層だ。

２０１５年夏、中国で株式バブルが崩壊し、それに伴い中国国内からの資金逃避が進んで、人民元が大きく売られる事態に陥った。危機感を覚えた中国の金融当局は為替に限度額を定める資本規制をかける。この結果、２０１６年ごろには、ビットコイン売買の９割が中国人で占められるようになった。

その影響でビットコインの価格が高騰。日本では、この時期にビットコインバブルによって「億」を儲けた人たちが、ツイッターなどでその成功談を自ら発信し、マスコミから「億り人」ともてはやされたことを覚えている人も多いのではないか。

このように規制を回避するツールであるがゆえに、「ビットコイン」の相場に影響を与えてきたのは金融規制だ。２０１７年には国内資産の海外流出阻止のため中国政府当局が、国内の金融機関に対して暗号資産サービス提供の停止を指示。この影響で、ビットコインは暴落した。

当然だが、国際社会ではビットコインが暗黒街の資金移転ツールになっていることを問題視する。

２０１８年3月のＧ20財務相・中央銀行総裁会議で、暗号資産の在り方がはじめて議論された。この時点で国際金融を知悉《ちしつ》する黒い経済人は、規制強化の方向に動くことが確実になった暗号資産から手を引いた。また、２０１９年6月に福岡で開催されたＧ20財務相・中央銀行総裁会議では、２０２１年までという限定付きながら暗号資産のアンチマネーロンダリングとテロ資金供与対策を目的とした新規制が合意された。

一連の規制によってビットコイン相場は、沈静化したはずだったのだが、異次元の金融緩和によるコロナバブルによって息を吹き返したのである。

クジラが意図的に価格操縦を行う構造

次ページの図「ビットコイン保有分布図表」を見れば、２０２１年11月5日時点で全コインの総額の実に94・73％を1ＢＴＣ（＝ビットコイン）以上の保有者が、85・79％を10ＢＴＣ以上の保有者が占有していることがわかるだろう。この時の取引価格は１ＢＴＣ＝７１０万４７６７・２４円だ。

ビットコインの大量保有者は「ＷＨＡＬＥ」（クジラ）と呼ばれている。10万ＢＴＣ以上保有しているのは、たった3アドレスに過ぎない。

「掌の地下銀行」ということでアメリカの法執行機関ＦＢＩは大量のビットコインを押収している。そのアドレスは「1FfmbHfnpaZjKFvyi1okTjJJusN455paPH」で14万４３４２・３２７５４０７０ＢＴＣ。いかに黒い経済人がビットコインを利用していたかが理解できるだろう。

また世界で一番ビットコインを保有しているのは、開発者のサトシ・ナカモト氏とされているが、ナカモト氏は単一アドレスではなく少額のアドレスに分散して保有している。

深海に潜んだクジラが大量にいるということだ。

ビットコイン保有分布図表

ビットコイン数(BTC)	アドレス数	各層の保有数(BTC)	各層の金額(ドル)	全コイン比
0-0.001BTC	19890762	4,079	253,045,202	0.02%
0.001-0.01BTC	9646541	36,791	2,282,438,481	0.20%
0.01-0.1BTC	5927635	192,200	11,923,828,801	1.00%
0.1-1BTC	2444568	761,013	47,212,212,555	4.03%
1-10BTC	661189	1,686,109	104,603,878,501	8.94%
10-100BTC	131386	4,273,941	265,149,438,472	22.66%
100-1,000BTC	14019	4,002,222	248,292,405,903	21.22%
1,000-10,000BTC	2068	5,256,156	326,084,758,312	27.87%
10,000-100,000BTC	84	2,074,720	128,712,782,119	11.00%
100,000-1,000,000BTC	3	574,215	35,623,500,152	3.04%

（「Bitcoin Distribution」より 2021/11/05 時点）

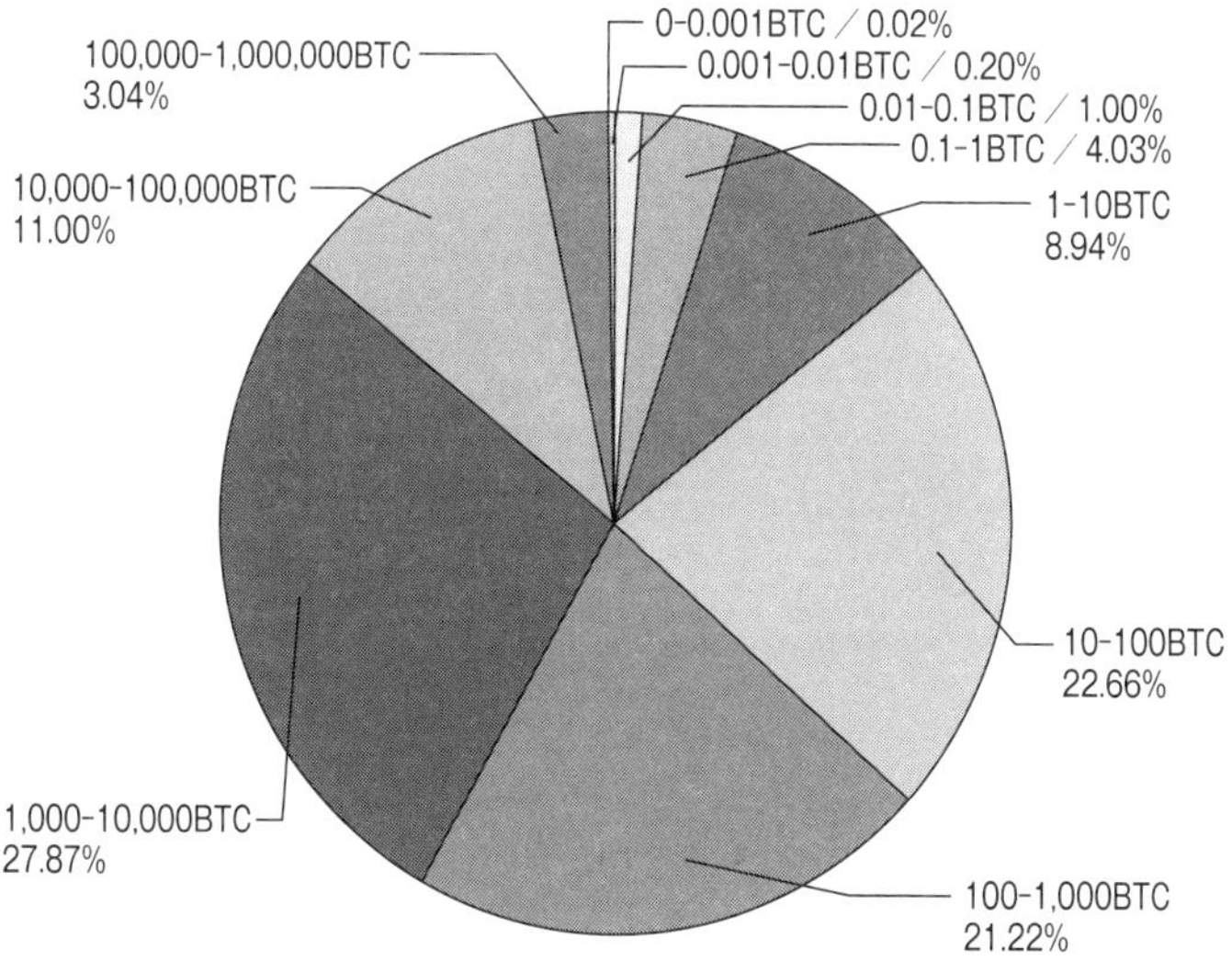

金融市場とは、資金を持っている者がアドバンテージを得て優位に物事を進められる世界で、その資金が移転していき次々とアドバンテージの所有者が代わっていくゲームだ。圧倒的なボリウムの保有者は、ゲームを自由に操ることができるということになる。

投資家がビットコインを扱う場合の最大の問題の1つが、「クジラ」が意図的に価格を操縦できる点だ。その好例がアメリカEV自動車最大手「テスラ」や民間宇宙開発企業「スペースX」のCEOイーロン・マスク氏だ。元々マスク氏は舌禍事件を起こすことで知られているが、コロナバブルでは相場を操るかのように暗号資産への口先介入を続けた。

2021年2月に、テスラ社が15億ドルものビットコインを購入し、同社製品購入時のビットコイン決済を認める方針を発表した。このことでビットコインは暴騰。しかし同年5月12日には、テスラ社が大規模電力を必要とするマイニングの環境負荷を理由にビットコインでの決済を一時停止することを発表。そのわずか4日後の16日には、「環境負荷を考えるのであれば、テスラは保有するビットコインを売るべきだ」という旨の匿名ツイートに、マスク氏が「確かに」と返信。そのことで、ビットコインは暴落した。さらに翌17日にはマスク氏が、

「臆測について明瞭《めいりょう》にするために言うが、テスラはビットコインをまったく売っていな

い」

と、ツイートしビットコインが下げ止まるということになった。

2021年6月4日にはマスク氏が別れ話をする男女の写真とともに、ビットコインのロゴの横に、割れたハートマークを付けたツイートを投稿した。「クジラ」がビットコインを大量に手放すとの観測から、ビットコインは7％も暴落することとなった。

また同月13日には、マスク氏が、

「マイナーがクリーンエネルギーを適正（～50％）に使用し、将来的にプラスの傾向が確認できれば、テスラはビットコイン決済を再開する」

と、テスラは条件付きでビットコイン決済の再開を公表した。

テスラ社の2021年第1四半期の収益は、保有ビットコインの売却などによって大幅に増加した。ビットコインはテスラ社の企業価値を左右する重要な要素となっているのだ。暴落することはテスラ社の損失となる。

こうした理由から、今後もマスク氏のビットコインへの口先介入は続くということだ。いくら大富豪とはいえ、民間人の発言1つで乱高下するビットコインの性質こそが問題だといえるだろう。

SECがキックし続けた理由

上場企業の株価に発行済み株式数を掛けた値が「時価総額」だ。例えば時価総額10億円の企業があれば、10億円以上の現金を持っている人は、その会社の全株を購入し、いかようなりともできる。

そこで株式投資においては公平な投資が保たれるように、さまざまなルールが設けられている。企業の業績、成長力が予測できるように、多くの決算情報やＩＲ（投資家向け広報）が公平に提供される。

すなわち合理的に判断する材料が公平に与えられているということだ。

対してビットコインの場合、大量保有者の思惑で大量売却が行われれば暴落し、大量購入が行われれば暴騰する。それどころではない。イーロン・マスク氏のような大量保有者の発言１つで乱高下するのだ。

ボラティリティを大変動させる発言がいつ起こるのかなど、誰が合理的に予測できるのか。

ビットコインはパチンコ、競馬、花札のごときギャンブル投機だ。パドックの馬が尻尾を振ると「今日は調子がいい」と言う人がいるが、馬の気持ちが人間にわかるはずがない。わからないがゆえに「ギャンブル」が成立する。「クジラ」が儲けたいと思えば、一言つぶやくだけで価格操作できるのだからより悪質だ。暴力団が胴元を務めるイカサマありの賭場《とば》と同じということになる。

すなわちビットコインで一時わずかなおカネが得られたとしても、やがては損失へと転換することは太陽が東から昇るくらい間違いないということだ。その「一時の儲け」を盲信している人がコイン・カルトの信者だ。

SFCは投資家を保護する立場にあるということで、取引が不公平性に満ちたビットコインの金融商品化を拒否し続けてきたのである。

なによりビットコインは話題先行で、世界全体のマネーの取引量から比べれば、その総量は小さなものだった。黒い経済人の利用や海外への資産逃避など多くの問題は指摘されていたが、ボリウムの小ささゆえに国際問題とならずに看過されていたのだ。

ところがこの状況は、コロナバブルによって一変した。

日々生産され、ボラティリティの高いビットコインの時価総額を算出するのは難しいということで、あくまで「目安」として示そう。2020年5月12日でビットコインの発行枚数は1837万5000BTCに達した。約1800万枚として、この時点での価格が約1００万円だ。すると時価総額は約18兆円ということになる。

バブルによって約7倍近くまで価格が膨れ上がったのだから、時価総額は１２６兆円だ。２０２１年度の日本の一般会計の予算総額が約１０６兆６０９７億円なのだから、それ以上ということになる。

金融機関まで自己資産にビットコインを組み込んだのも、価値が増幅したことが理由だ。この危険な選択にバーゼル銀行監督委員会が抑制に動いたのは前述した通りだ。

こうしてビットコインは、金融の世界で看過できない存在となってしまったのである。

ニューエコノミーを支える2つのイデオロギー

金融商品の取引には現物と先物がある。ビットコインETFが「現物」であれば、そのファンドは直接ビットコインを安く買って、高く売ることで利益を出す。「先物」の場合は現物ではない。ファンドが保有するのは将来ビットコインを保有する「権利」だ。

暗号資産業界にとっては「ビットコイン」を直接売買してくれた方が、ダイレクトな価格上昇を見込める。しかしアメリカの投資会社ヴァルキリー・インベストメントは「現物ETF」を申請していたが、２０２１年11月2日に判断が再延長された。次の判断は22年

1月7日となっている。

このようにSECが「先物」から承認したのは、投資家を保護する目的がある。投機性の強い商品を直接やり取りしてファンドそのものが飛んでしまうリスクを避けたということで、慎重な姿勢を崩してはいない。

それでも21年10月19日のBITO初上場から3日後の22日には、やはりビットコイン先物ETFのBTF（バルキリー・ビットコイン・ストラテジーETF）が取引を開始。投機性の強い「ビットコイン」そのものよりもリスクを減らしたことで一般投資家の参入障壁は格段に下がった。ビットコイン関連ETFに莫大な資本が集まり、ビットコインも一段高い値動きになっている。

重要なことは暗号資産取引の不透明性を理解した上で、投資家が暗号資産を「ニューエコノミー」として判断したということに尽きる。その期待があるからこそ暗号資産関連ETFは初上場で市場から大量のマネタイズに成功したのだ。

2021年4月14日に、SECの委員長に暗号資産支持者のゲーリー・ゲンスラー氏が就任した流れからETFの承認に至るまで、アメリカは「暗号資産」を「ニューエコノミー」にしようとする意図しか感じられない。今後はビットコインの「現物ETF」の承認、そして他の暗号資産の金融商品化が進むだろう。

暗号資産の「ニューエコノミー化」を支えているのがイデオロギーだ。暗号資産も含めて「短期的に儲かる」ということだけでは「ニューエコノミー」とはならない。なぜならすでに「ビットコイン取引」だけで「短期的な収益」という機能は満たされているからだ。暗号資産が「ニューエコノミー」になるには、「将来にわたって社会に益を提供してくれる」という「期待」がなければならない。この「益」は「収益」だけではなく、「利便性」や「経済構造の変革」など社会全体にわたる「益」だ。根拠のないところから「益への期待」は生まれないのだから、理論があるということだ。

その理論はイデオロギーが生み出している。暗号資産信奉のバックボーンこそが「リバタリアニズム」である。「リバタリアニズム」(完全自由主義)と「加速主義」である。「リバタリアニズム」は個人的な自由と経済的な自由の双方を重視する、自由主義上の政治思想・政治哲学の立場だ。

また「加速主義」はテクノロジーを極限まで進化させることで、既存の資本主義を崩壊させポスト資本主義を作るという考え方だ。ネットの登場によって一般の人も掌のなかから海外に投資することができるようになった。こうした資本主義の変革を促すテクノロジーによって資本主義を超越した資本主義社会が成立する。そのためにテクノロジー進化を加速させ、テクノロジーが「特異点」まで到達することを理想としている。

特にシリコンバレー系のＩＴ業界の住人にはリバタリアンと加速主義者が多い。コンピューターは性能さえよければ、どこの国で生産されようと構わない。そのコンピューターが繋がるネットの世界にも国境はないからだ。

自分たちのやりたいことを阻害するのは、いつも「規制」だ。その「規制」は既存の資本主義を保護するために設けられるということで、規制から解放されるためには新たな資本主義を作らなければならない。

このような動機からＩＴ業界ではリバタリアンと加速主義にたどり着くのだと私は考えている。暗号資産は、この２つの主義の融合点に位置すると私は考えている。

円が日本でドルがアメリカで、ポンドがイギリスで発行されるように、通貨とは国境の表層だ。国境とは「ヒト・モノ・カネ」についての規制なのだから、通貨は発行国そのものなのだ。

ところが「暗号資産」は国家の規制の外側にいる。

国家は暗号資産を規制し既存の資本主義に組み込もうとする一方で、リバタリアン・加速主義者はポスト資本主義を目指す。両者が争うのは当然だが、その図式がよく表れたのが、後述するＦａｃｅｂｏｏｋが計画した、暗号資産「リブラ」だった。

というのも、「リバタリアニズム」と「加速主義」を融合させた体現者を装いカリスマになった人物こそ、次章で詳説するＦａｃｅｂｏｏｋの創設者、マーク・ザッカーバーグ氏だからだ。

第六章

「実現不可能」をビジネスにする黒い経済界

追い詰められていたFacebook

2019年7月刊行の『金融ダークサイド　元経済ヤクザが明かす「マネーと暴力」の新世界』(講談社)で、私はこう予想している。

〈Facebookは凋落の時期に入った〉

当時はこのことを真に受けず私を嘲笑《ちょうしょう》する人さえいた。しかし21年10月29日、Facebookは社名を「メタ」に変更。同社を支える中核の収益構造はSNSだったが、仮想空間の構築や関連サービス「メタバース」へと事業変更するという。

収益構造が崩壊して追い詰められたゆえの社名変更ということで、私の分析が正しかったということだ。

ここまでの経緯を追いながら問題点を整理しよう。新社名「メタ」の認知度が高くないうえ、問題点はSNSの収益構造にあったということで旧社名の「Facebook」を使うことにする。

Facebookは、ただのSNSサービスを提供する企業ではない。SNSを通じて個人情報を集める情報産業だ。

フランスに行き、レストランで食べた魚料理の写真をＦａｃｅｂｏｏｋに掲載すれば、Ｆａｃｅｂｏｏｋがそれを基に旅行会社や、フレンチ料理店、あるいは料理の作り方のサイト、本、さらには料理を作るための調理器具などの広告をユーザーに向けて掲載する。さらには、それらを利用を通じて、個人の年齢、性別、職業はもちろんのこと、購買傾向や、移動に至るまでのデータをＦａｃｅｂｏｏｋは手に入れ、この情報を広告に利用したり、マーケティング会社などに提供したりして巨大な収益を上げてきた。

たかが情報と軽視することができないのは、Ｆａｃｅｂｏｏｋが行っていることは、人間の心理を操作しているからだ。現在は「購買欲」のみを刺激しているが、これが別な使われ方をしたら……実際に、それを応用したのがドナルド・トランプ氏が大統領の座を勝ち取った２０１６年大統領選挙だ。

16年大統領選でトランプ陣営を支援したイギリスのデータ分析企業、ケンブリッジ・アナリティカにＦａｃｅｂｏｏｋの持つ最大８７００万人分の個人情報が流出し、不正に利用されていたことが報じられたのは２０１８年のことだった。選挙戦で有権者に訴求効果を高めることを目的に創業された企業で、共和党へ大口献金をする支持者が出資していることも明らかになる。

こうして個人の志向にあった選挙・政治広告が有権者個人に発信されることとなった。その効果は、ご存知の通りだ。

大きなスキャンダルとなったＦａｃｅｂｏｏｋは19年7月、個人情報を無断で利用していたことについてＦＴＣ（アメリカ連邦取引委員会）に約５４００億円（50億ドル）の罰金を支払って和解した。

3つの包囲網

Ｆａｃｅｂｏｏｋにはアメリカでも問題になった「個人情報」など3つの問題が世界から突きつけられている。

最初に「個人情報」の問題に取り組んだのがＥＵで、18年5月25日には合法的に集めた個人情報でもＥＵ圏外に持ち出すことを禁じるＧＤＰＲ（General Data Protection Regulation＝ＥＵ一般データ保護規則）がＥＵ圏内のすべての国に導入された。違反した場合、全世界の売上高の４％か、２０００万ユーロ（約24億円）の制裁金がかかる。

欧州委員会は「個人情報」の例として、姓名、住所、電子メールアドレス、身分証明書番号、位置データ、ＩＰアドレス、病院情報などを挙げている。ＧＤＰＲでは「個人情報」を「特定または特定可能なヒトに関する情報」と定義しているので、その適用範囲は広大だ。

GDPRでは特定の企業を名指ししていないものの、EU圏で「個人情報」を利益の中心にした企業が収益構造の変更を余儀なくされたことは容易にわかるだろう。

21年9月2日にはGDPR違反で、Facebook傘下のメッセージアプリ大手「WhatsApp」（ワッツアップ）に対して、同社の拠点があるアイルランドの情報保護当局が制裁金2億2500万ユーロ（約290億円）を科す決定を出した。WhatsApp側は争う姿勢だ。

インターネット上で利用者とサービス提供者を結び付ける「プラットフォーム」となるサービスやシステムなどを提供・運営する事業者は「プラットフォーマー」と呼ばれる。19年8月には、日本の公正取引委員会が「プラットフォーマー」による個人情報収集について、独占禁止法違反になるケースをまとめたガイドライン案を正式に公表している。

2021年10月4日にスタートした岸田政権は「経済安全保障」を目玉政策の1つとしていて、このなかには個人情報の海外持ち出し規制も組み込まれる予定だ。近い将来、日本版GDPRが法制化される可能性は高いと私は考えている。

個人情報に対する規制は世界のトレンドになっているということだ。

第二の問題は納税の逃避だ。

Ｆａｃｅｂｏｏｋなど巨大ＩＴ企業は拠点を持たずにサービスを提供する。このことから所在国やサービスの提供国に税金を納めないという問題が起こっている。本来であれば法人税を適用すれば済むのだが、グローバル系ＩＴ企業は所在地をオフショアにするなど合法的な方法で納税を逃れている。

これに対して19年にはフランスが、20年4月にはイギリスで英国内の売り上げの２％に課税する「デジタル税」を導入した。さらに21年10月8日には、ＯＥＣＤ（経済協力開発機構）が、巨大ＩＴ企業などの税逃れを防ぐ「デジタル課税」の導入や、各国共通の最低法人税率を15％にすることで最終合意した。

この「デジタル税」の仕組みは、世界中の国に広がりつつある。

第三の問題が、「公平な競争」だ。

Ｆａｃｅｂｏｏｋは若年層に人気の「Ｉｎｓｔａｇｒａｍ」など競合する可能性がある企業を買収して傘下に収めることで成長した。この企業買収によって公正な競争を妨げたとして２０２０年12月に連邦取引委員会が反トラスト法違反容疑で提訴した。

21年6月に連邦地方裁判所が証拠不充分として、訴状の内容の修正を求めて訴えを退ける。しかし取引委員会側は再提訴期限の21年8月19日に、最初の訴状より約30ページを増やしたものを裁判所に提出し再提訴の手続きをとったのだ。

拝金主義の素顔がバレて落ちたカリスマ

Google、Apple、Facebook、Amazonの巨大IT企業は、「GAFA」と呼ばれるが、実は各々が個人情報、税、反トラスト法の問題を抱えている。

このなかで一番苦しいのがFacebookだった。Facebookは「最大多数の利用者」から吸い上げた「個人情報」を最大限に利用し、広告のカスタマイズを主収入源としているからだ。

そもそも節税という名の合法的脱税で収益を上げていること自体が異様なのだ。デジタル税の問題は、制度に従って支払えば終わりということになる。問題は「個人情報」と「公平な競争」ということになる。

ところがFacebookの収益構造は「最大多数の利用者を得る」ことを基本にしていて、それゆえの競合企業買収ということだ。ユーザー数十億人の「WhatsApp」や「Instagram」などを買収したのは、利用者の利便性を上げるためでもなんでもない。企業としてのFacebookにより多くの利用者を集め、得た情報を利益にするという目的だけだ。おかげで創業からわずか14年で仏教徒約5・2億人、イスラム教徒約17・5億人どころかキリスト教徒約24・5億人を超える「信者」を獲得した。

企業を買収したことで新たな広告収益を得ようとした結果、「広告掲載をしない」という創設時のサイト運営方針に介入されることに嫌気が差して創業者たちが次々と去った。17年9月と18年4月にはFacebookが買収した「WhatsApp」の創業者2人が、相次いでFacebookを退社。また18年には「Instagram」の創業者もFacebookを去った。

いずれも広告の導入と個人情報収集の強要が動機であることが報じられている。しかも2018年にFacebookはGDPRに対応して「データ保護」を経営方針に加えた。そのことで収益が悪化。「個人情報保護」に傾けば収益が悪化し、「個人情報活用」によって収益を上げれば制裁という二重苦がFacebookを追い詰めていたのである。

2021年9月にはFacebookの元社員が、大量の内部文書という証拠とともに内部告発を行った。そのことでFacebookの悪辣《あくらつ》な行状が白日の下にさらされることとなったのだ。

Instagramではモデルや女優、インフルエンサーなど有名無名の人々がセルフィー（自撮り）を公開。プロモーションと承認要求を満たすための自己顕示セルフィーには「いいね」が集まることになる。

Ｆａｃｅｂｏｏｋは利用者のデータを分析しているが、その調査によれば10代の女性の約３割が自分の体型に不満を感じているという。Ｉｎｓｔａｇｒａｍの「いいね」セルフィーを観ることで自己顕示欲が強まることも調査で明らかになった。

10代の少女のメンタルに悪影響を与えることを認識しているにもかかわらず、Ｆａｃｅｂｏｏｋは若年層の取り込みを積極的に行った。その層が憧れる有名人については設定したルールを守らなくても目をつぶるなどの特典を与え、時に刺激的な言葉や写真を使っても看過し続けたのである。

若年層は購買欲が強く広告効果が高いからだ。すなわち10代の少女に有害であることを認識していながら、せっせとカネ儲けに腐心していたということになる。特にアメリカ社会では少年、少女への意図的な攻撃を嫌悪する。このことでＦａｃｅｂｏｏｋは猛烈な避難に晒《さら》されることになった。

また拡大路線によってＦａｃｅｂｏｏｋは新興国の利用者を多く獲得することになる。このことで人身売買や、武器取引などの犯罪組織による「黒い経済活動」の連絡ツールになっていたのだ。社内では反社会的組織による利用について対応するべきだという声もあったが、Ｆａｃｅｂｏｏｋ側は黙殺し続けた。新興国の利用者が減ることを恐れたためである。

こうした騒動を通じてリバタリアニズムと加速主義のカリスマ、ザッカーバーグ氏の素顔が、ただの悪辣な拝金主義者であることが暴露された。こうしてＦａｃｅｂｏｏｋは業務変更と社名変更を余儀なくされたのである。

ただし、私はＦａｃｅｂｏｏｋを追い詰めたものが個人情報や公平な競争、スキャンダルだけではないと分析している。というのもＦａｃｅｂｏｏｋがアメリカの絶対に触れてはいけない「聖域」の破壊を計画していたからだ。

ドルを脅かす者には死を

２０１９年6月18日、Ｆａｃｅｂｏｏｋは独自の暗号資産「リブラ」を開発し、20年には実用化するという野心的な計画を発表する。

国際連合開発計画の『人間開発報告書』（00年）によれば、世界人口70億人の４割の約28億人が、１日２ドル未満で生活をしている。また、世界銀行が11年に実施した調査によると、その75％以上が正規の金融機関を利用していないという。

すなわち約21億人が銀行口座を持っていないということになる。「リブラ」が狙っているのはこの21億人だ。また海外に資金を移転させることで、貧困層に新たなビジネスチャンスが生まれる可能性もあるとした。

こう聞くとＦａｃｅｂｏｏｋが世界中の人に「自由な金融取引」という利便性をもたらすばかりか、貧困層の救済も可能にする「慈善団体」のように思えるだろう。だが、常に利益を求めることを宿痾《しゅくあ》とする黒いマネーの世界に生きた私にとって、民間企業のプロジェクトで、この種の「美談」や「慈善」が真意だとは到底信じることはできない。

新たな金融システムを作る裏側には必ず何かの「受益」への思惑がある。

まず考えなければならないのが、規模の問題だろう。Ｆａｃｅｂｏｏｋの利用者数は30億人とも言われて、銀行口座を持たない貧困層の約21億人と合わせれば、その規模は超絶なものとなる。

すなわち「リブラ」の実用化とは国境に縛られることのない30億人の新たな巨大経済圏の創造と同じ意味ということだ。

しかも「リブラ計画」では、スイスに拠点を置き新たな金融機関を創設。ドルやユーロ、円など信頼性の高い通貨を実際に保有して価値を裏付けるとしていた。

実際の通貨と兌換できるということで、世界統一通貨の創造ということになる。

リーマン・ショックでもコロナ・ショックでもドル供給によって金融システムは維持された。「リブラ」の成立は、基軸通貨「ドル」を中心として構成された世界の為替構造の崩壊と同意だ。

イラクの大統領、サダム・フセインはクウェート侵攻によって始まった湾岸戦争を生き残った。ところが2003年にブッシュ大統領が引き起こしたイラク戦争後、拘束され処刑された。その要因の1つは、湾岸戦争後にフセインが石油の決済をドルではなくユーロで行おうと考えたため、とされている。石油決済はドルでしか行えないが、それを許せばドルとエネルギーの関係は崩壊し、ドルの価値が失墜することになるからだ。

ドルによって成立している資本主義からポスト資本主義へと加速させようとしたザッカーバーグ氏はフセイン同様、ドルの地位を奪おうとしたということだ。

各国の中央銀行はインフレを通貨の供給量などによってコントロールしているが、この機能も失われることになる。1日2ドル未満で生活している人々が、自国の通貨を「リブラ」に交換し「ドル」を代表とする強い通貨へと換金することで大規模なキャピタルフライトも起こるだろう。脆弱な経済基盤の貧困国は、深刻なハイパーインフレやデフォルトに陥り、世界同時多発的な経済危機が起こる可能性も考えなければならない。

パナマやエクアドル、エルサルバドルなど経済基盤が脆弱な中南米の国の一部は、ドルを自国通貨として認めている。不安定な自国通貨より、最強の通貨の方が経済が安定するからだ。

民間企業がアメリカと同等の権利を手に入れることの利潤は計り知れない。これこそがＦａｃｅｂｏｏｋの真意だと私は考えていた。

当然のことながらリブラは発表直後からＧ７やＧ20などの国際会議で猛烈な批判の対象となる。アメリカ政府は牙を剝《む》き、２０１９年10月８日付でアメリカ議会上院の銀行委員会メンバーが、リブラ計画への参加を表明していた「ビザ」に、

「プロジェクトが消費者、規制対象の金融機関、およびグローバルな金融システムに与えるリスクについて、重要な質問に答えていないことを懸念している。あなたの会社が先に進む前に、これらのリスクをどのように管理するかを慎重に検討することを求める」

という「脅迫状」を送ったのだ。

こうして、ビザ、マスターカード、ｅＢａｙ（イーベイ）などをはじめとする大手企業７社が、手紙からわずか１週間で「リブラ」から脱退。さらに、ネット決済の祖である「ＰａｙＰａｌ」（ペイパル）にまで背を向けられることとなった。

社名を変えても暗い未来しか見えない

それでも国際社会の「リブラ」に対する警戒感が失われることはなかった。２０２０年10月13日には、Ｇ７財務相・中央銀行総裁会議がリブラを名指しして、「Ｇ７は、妥当な設計に基づく法令と規制、監督基準を十分整えるまで、いかなる世界的なステーブルコインのプロジェクトも開始するべきではないとの考えを維持する」と改めて反対の姿勢を強調。同年12月にＦａｃｅｂｏｏｋは「リブラ」を「ディエム」に改称。Ｆａｃｅｂｏｏｋの関与を縮小して、ドルで価値を裏打ちするドルペッグ型のステーブルコインへの変更を行うことを発表した。

さて社名を新たにして仮想空間の構築という模糊《もこ》とした業態への変化を宣言したザッカーバーグ氏だが、「リブラ」をまったく諦《あきら》めていないというのが私も含めた投資家筋の定説だ。すでに「メタ」は広告の代わりの収益源を「金融」として、そのビジネスモデルの根底になるのはＦａｃｅｂｏｏｋやＩｎｓｔａｇｒａｍなどのユーザーとしているのだ。

導き出されるのは「リブラ」の復活しか考えられない。

博打に過ぎなかった「ビットコイン」が生き残っているのは発行上限が決まっていて、

ドルを脅かさないことがわかったからだ。金融商品化したということは、ドルに従属したということでもある。Ｆａｃｅｂｏｏｋの収益を支えるのは利用者数だが、30億人が扱う暗号資産は当然、ドルにとっての脅威となる。

アメリカが看過するとは考えられない。

私は石油取引で知らぬ間にテロ資金のロンダリングに関与して銀行ごと没収されたばかりか国際指名手配された。「敵」に対するアメリカの凶暴な暴力性は身にしみている。このようにアメリカは自身の持続的成長と、それを妨げる障害を排除するためには躊躇なく国家暴力を、自国、他国など国籍に関係なく振り下ろす。

例えばＡＴ＆Ｔがそれだ。

同社は１８７７年に電話を発明したベルの「ベル電話会社」を前身として創業。情報通信技術は戦争も含めた国家的経済活動の戦略技術ということで、２つの世界大戦を経て国家が保護した国策企業だ。しかし、第二次世界大戦終戦後の１９４９年に司法省が独占禁止法でＡＴ＆Ｔを提訴。約30年の裁判を経てＡＴ＆Ｔは分割、解体された。

戦争が終わったことで、自由競争による技術発展の方向をアメリカが選んだことが大きな理由だ。

こうした国家性格のアメリカには「暴力ロジック」がことごとく当てはまる。暴力団の抗争では負けた側が看板を変える（組名を変える）ことがある。勝者が無条件で許すはずもない。敗北側の責任者であるトップが生き残る数少ない方法の1つが、多額の慰謝料を支払った上での「引退」というのがパターンだ。

実際にAmazonの創業者、ジェフ・ベソス氏は2021年2月8日に、CEO（最高経営責任者）からの辞任を発表し、同年7月5日付けで退任した。

その理由をベソス氏は宇宙ビジネスなど新規事業開発への注力としている。だが「個人情報」や「独占禁止法」、また苛烈な労働環境が問題視されたことによる分割解体を逃れるための退任という見方が投資家の間ではもっぱらである。

トップが自らをクビを差し出すことで、組織の崩壊を防衛したということだ。

Facebookは「メタ」に社名を変更したことも「暴力ロジック」によって説明できる、ということはドル打倒への野望を隠さないザッカーバーグ氏を放逐する以外に道はないというのが、私の導き出した解決法だ。

暴力の国のマネタイズ

アメリカが持つ暴力性は成長のための破壊だけではなく、技術開発におけるマネタイズにもいかんなく発揮される。暴力とテクノロジーの連動の歴史について整理していきたい。

理論構築、ラボの建設、実験設備、実験、生産、そして人件費……科学技術の開発が成功するために必要なのは「莫大な資金」だ。

2021年11月5日には、アメリカ、ファイザー社の開発中の新型コロナウイルス治療薬「PAXLOVID（パクスロビド）」が入院、死亡リスクを約9割減らせることが発表された。「戦時の論理」のなかでは「喫緊の開発」が必要とされる場合、迅速にマネタイズ（資金調達）が行われなければならない。

世界で一番それを実行できる能力がある国がアメリカである。なぜか――それはアメリカが世界で一番「戦争」を経験している国だからだ。

戦争の敗北は、基軸通貨「ドル」の信頼を揺るがせる。ドルの信頼低下は国富の損失ということで、アメリカにとって「戦争」は常に「国家存亡の危機」なのだ。だが戦争は「不測の事態」が連続発生する「暴力の応酬」だ。それを打開する決定要素こそ「科学技術」ということになる。

そこでアメリカは「ドイツが原爆開発を進めている」という情報を入手すれば、世界中から天才を集めて徹夜で働かせ、実験原子炉を作った。ベトナムの空でソ連の戦闘機「ミグ」に苦戦を強いられれば、「F‐15」を開発。イラクが頑強な軍事施設を地下に作っているとわかれば、地中貫通爆弾を開発して攻撃を行う。

世界で一番の戦争当事国を経験しているアメリカは、暴力とマネーが技術を生み出す投資環境が最も整備された国ということだ。

2021年7月に堀江貴文氏が創設した民間宇宙開発企業、インターステラテクノロジズはロケットを打ち上げ、スポンサー企業TENGAによる搭載物の宇宙空間への放出と、海上での回収に成功した。日本の民間企業では快挙だがインター社の21年6月30日時点の評価額は104億6000万円だ。

対してアメリカの「スペースX」は21年9月15日に民間人だけで初の宇宙飛行に成功。同年11月1日に「スペースX」の評価額は11兆円を超えている。

技術に対する日本の投資環境は、凍えるほどにお寒いということだ。日本が「暴力保有」を否定し続けていることが要因だと私は考えている。

このアメリカのマネタイズ能力を最大限に生かして「ニューエコノミー」を成長させ続けているのがEV自動車大手「テスラ」と「スペースX」の創業者イーロン・マスク氏だ。凋落するザッカーバーグ氏と対照的に、21年11月時点では個人保有資産がトヨタ自動車の時価総額を上回り、世界一のニューリッチとなった。

石油枯渇論もビジネス

イーロン・マスク氏の「テスラ」は、もはやEVの代名詞となっている。アメリカ大手レンタカー「ハーツ」が同社に10万台を発注することが報じられ、21年11月1日に時価総額で1兆ドル（約110兆円）を突破した。

私もテスラ社の株を大量に保有している。購入したのは2018年だが、この時期イーロン・マスク氏は誤解を生むツイートで投資家を惑わせたとする証券詐欺罪でSECに提訴されていた。2018年9月に和解へ動くが、CEO退任の観測から株価が250ドル前後に急落した。

また2019年4月に第1四半期（1〜3月）の決算発表でテスラ社のキャッシュ不足が明らかになる。同年5月には20億ドルの増資を発表するが、CEOが従業員に送った、「本当のところ、これだけ調達しても、第1四半期の赤字の出し方を考えればおよそ10カ月で使い果たす計算になる」

というメールがSNSに流出。危機を感じた投資家が株を手放し株価は180ドル前後まで急落したが、この時にも買い増している。

2021年11月6日時点のテスラ社の株価は1222・09ドルだから、私がどれほどの含み益を保有しているかは理解できるだろう。

EVは「サスティナブル」(持続可能)や「SDGs(Sustainable Development Goalsの略で「持続可能な開発目標」の意味)という言葉を挨拶代わりに使う、「環境カルト信者」にとって救世主のように扱われている。

テスラ株を保有していることで私が環境カルト信者と同一視されることがあるが、それは大きな誤解だ。

そもそも私は、たかが100年も生きることができない人間という種族が「1000年単位の持続」を考える「おこがましさ」に嫌悪感さえ抱いている。またコンビニでレジ袋の要不要を問われる非合理的な時間消費を憎悪してさえいるのだ。わざわざスターバックスでパソコンを広げて仕事ができるフリをするような連中と一緒にされることは迷惑以外の何物でもない。

そう考えるのはもちろん「感情」ではなく、科学的な判断さえできずに搾取され続けるばかりか、自らの搾取を自ら勧めているような愚かな人々と同一視されることが我慢できないからだ。

最もわかりやすい科学的な反証として戦後のたった75年の間に何度「石油枯渇危機」が

原油確認埋蔵量と可採年数の推移

単位：億バレル

1975	1975	1980	1985	1990	1995	2000	2005	2010	2015	2017	2018	2019
195	195	208	195	220	226	246	262	263	285	287	342*	345*

＊2018年からNGL（天然ガス液）の生産量も含まれている　出所：OGJ誌

世界の石油消費の推移

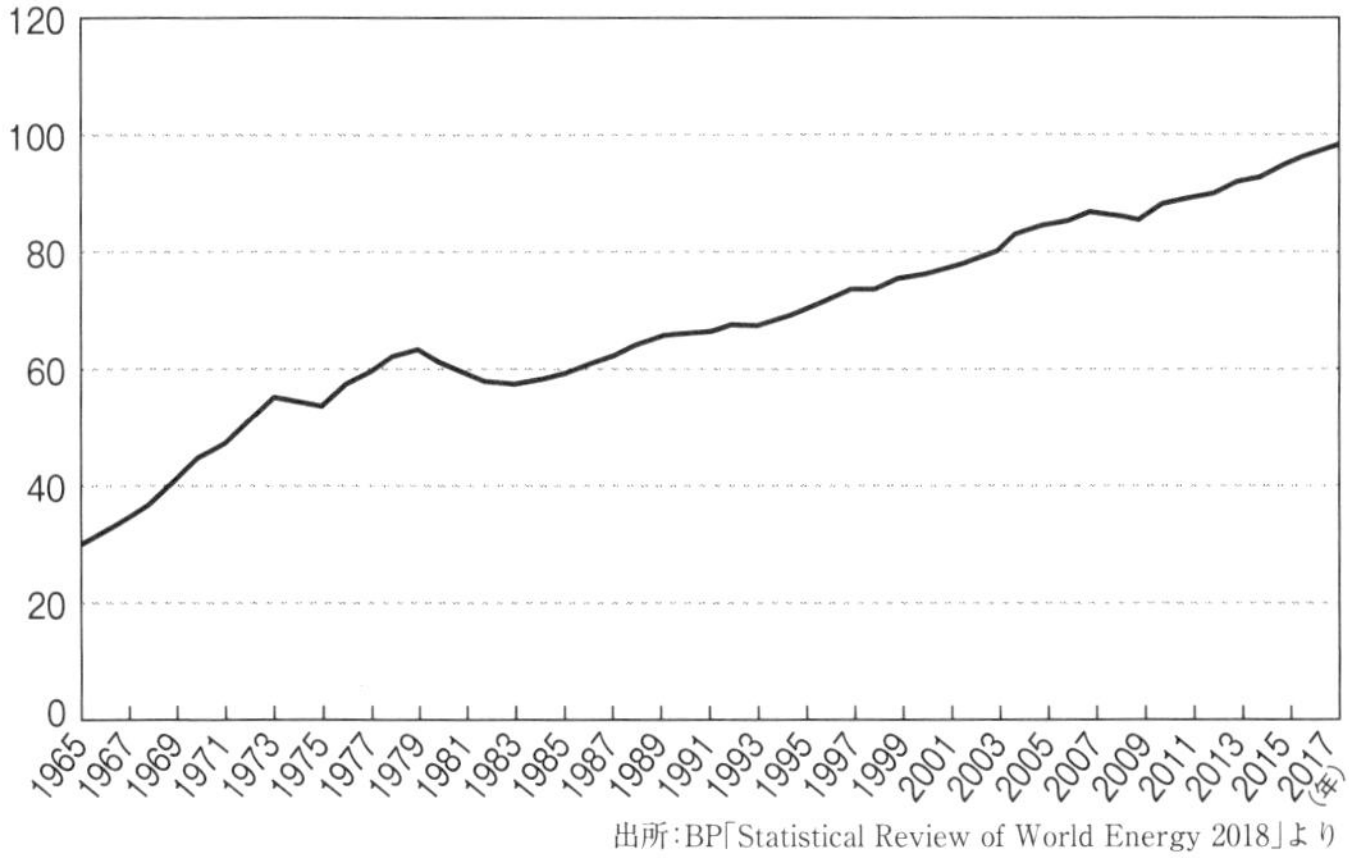

出所：BP「Statistical Review of World Energy 2018」より

リアリティを持って報じられたかを考えてみればいい。石油連盟『今日の石油産業2020』から抜粋したのが前ページの図「原油確認埋蔵量と可採年数の推移」だ。1975年に「枯渇まで34年」だったものが、2019年には「枯渇まで49年」になっている。よくいえば無限にゴールに届かない「アキレスの亀」、悪くいえば性風俗のぼったくり「たけのこ剝ぎ」のごときものだ。

こう解説すると「シェールのように技術開発で産油量があがったため」あるいは「省エネで消費量が少なくなったから」という不毛な反論を試みる人もいるだろう。そこで前ページに「世界の石油消費の推移」も掲載した。グローバリズムの到来で新興国の開発が進んだばかりか、中国が急速な経済成長を遂げたことなども寄与して石油消費量は毎年上がっているのだ。

石油資源は有限かもしれない。しかしその埋蔵量は今すぐ何らかの対応をしなければならないほど差し迫った状況ではないということが導き出せるだろう。「石油枯渇危機」が叫ばれる理由は「環境保護」でも何でもなく、そこに「ビジネス」があるからに過ぎない。原油は地下から湧き出るのだから設備投資さえ終われば生産原価は変わらない。つまり原油の値段が上がれば、産油地という生産の上流から下流に至るまで巨大な利益が転がり込むことになる。また石油エネルギー危機を煽れば原子力、再生エネルギーなどの代替エネルギー分野に新たなビジネスチャンスが転がり込むことになる。

この石油危機とマネタイズの関係は、そのままＳＤＧｓに当てはまると私は考えている。

温暖化ではなく「小氷河期」

実はＥＶ開発ブームはこれまで3度起こっている。

1回目が１９７０年代の2度のオイル・ショックで、原油価格の値下がりによってＥＶブームは鎮火。２回目の「元年」は１９９０年で、カリフォルニア州で一定台数を販売するメーカーに排気ガスゼロの自動車販売を義務付ける「ＺＥＶ（ゼロエミッション・ビークル）規制」が施行された時に起こった。同年に湾岸戦争が起こり原油価格が高騰したことが影響してメーカーはＥＶ開発に乗り出したが、原油価格が安定するとブームは再び収束した。３回目は２００９年にバラク・オバマ氏が大統領に就任して「グリーン・ニューディール政策」を掲げた時だ。

08年のリーマン・ショックの影響でＧＭ、クライスラーは連邦倒産法第11章の適用を受け、フォードも破産直前の深刻な経営危機に陥った。「デトロイト３」と呼ばれる3社は構造転換を迫られ「グリーン・ニューディール」に飛びつき「ＥＶ」の開発を始める。この時ＥＶ開発に参入したのが、現在ＥＶをリードしている「テスラ」や「日産」だ。

いずれの開発も「環境」ではなく、石油の高騰や金融ショックという「マネー」を動機としているのである。リーマン・ショックの衝撃力を即座に理解できていた私は、今度こそＥＶが「ニュービジネスになる」と確信。テスラの車体性能を体感して投資を決めた。テスラへの増資に当たっては「環境問題」を調べることも忘れなかった。本当にCO_2が原因で温暖化しているのであれば、そこにも投資すべき「ニュービジネス」があるからだ。

何人かにインタビューを行ったのだが、最も説得力があったのは旧帝大系国立大学で名誉教授になっている地球物理学者の話だった。いわく地球の温暖化に決定的な影響力を与えるのは「太陽の活動」だという。実は地球は温暖期と小氷河期を繰り返していて、10世紀から14世紀には「中世の温暖期」と呼ばれ、14世紀半ばから19世紀半ばにかけては「小氷河期」になっていた。レンブラントやフェルメールの暗いトーンは、この小氷河期が影響しているという。

実は国内外の多くの地球物理学者の間では、太陽の活動観測から地球が２０２０年代後半くらいから小氷河期に入るのではないかという仮説が導き出されているという。ただし、日本の異常気象については「中国とロシアの開発が進んだことによる環境問題が影響している」という。

すなわち地球環境の変化は局所的、限定的ということだ。非常に刺激的で説得力のある説ということで、私は教授にメディアを通じてのアナウンスを提案する。しかし教授は頑として首を縦には振らなかった。いわく、

「そんなことを言ったら環境問題派が暴徒のごとく押し寄せてくる」

とのことだった。

この話を聞いて、私が思い浮かべたのは一部のＬＧＢＴ活動家と一部の同和団体との結託の図式だ。かつて特に関西圏では差別があり被差別者は就職に困難しているほどだった。この許しがたい判断基準で社会から押しやられてしまった人たちの一部の受け皿となっていたのがヤクザ社会だ。

しかし実直な同和団体の奮闘と努力によって、現代では以前に比べるとはるかに差別は少なくなっている。出自によって就職できなくなることは、極めて少なくなっているのが現実だ。これは同和団体の活動の成果だが、困ったのは「差別」をネタに強請《ゆす》りや恐喝を生業にしていた一部の悪質な被差別団体だ。

そこで一部の悪質な被差別団体は、一部のＬＧＢＴ団体に接近した。ＬＧＢＴを「差

別」として、強請りや恐喝のノウハウと人員を提供する代わりに、獲得した収益については山分けにしてほしいと申し出た。こうして一部のＬＧＢＴ団体は過激化したのである。

実はこの構図を問題視しているのは、まっとうな同和団体の人たちだ。というのは自分たちの活動がカネ目当ての汚れたテロ活動と同一視されてしまうからだ。

人間は動機もなく何時間も怒りを相手にぶつけることはできない。なぜなら「怒り」は考えている以上に体力を奪うからである。プロのヤクザでも一人の人間が理由もなく怒りをぶつけられるのは、せいぜい1時間だ。だからこそ相手を軟禁して、休憩の時間を取る。動機もなく長時間のタフな作業をこなせるのはポン中（薬物中毒者）くらいである。

ただし、カネという目的があると話は別だ。

もし地球温暖化の原因が「太陽」であれば、一文のカネにもならない。いくら投資しても太陽はコントロールできないからだ。環境団体の暴徒化の話から調査を進めた結果、私はＳＤＧｓとは実は、莫大な金塊であると評価するようになった。そこで、その構図を紐《ひも》解《と》いてみたい。

「脱CO_2」という名の無限利権

「環境問題」を一言で表せば環境に対して「有害な物質」を指定して、それを取り除こうということになる。わかりやすくいえば「不燃ゴミ」の指定だ。

現在、その矢面に立っているのがCO_2（二酸化炭素）であるということで、CO_2を使って考えていこう。

地球の大気は窒素（約78％）と酸素（約21％）とアルゴン（約0・9％）で構成されている。CO_2の割合は大気の0・0404％に過ぎない。

ところが現在の地球の大気の質量は5・28×10^{18}kgとされている。ということは実に20・8×10^{15}kgもの質量が有害な「不燃ゴミ」とされるわけだ。もちろん二酸化炭素は食物の光合成に必要なので、すべてを除去することは環境汚染どころか人間の住めない環境を作り出すことになる。それでも莫大な量が「ゴミ指定」されるということは理解できるだろう。

「文化」は英語で「culture」（カルチャー）だが、この語源は「農業」（agriculture　アグリカルチャー）と同じで、「耕す」を意味するラテン語「colere」（コレル）だ。つまり人類は文化を獲得した瞬間に「生産と消費」を行っていたということになる。

ところがSDGsなどのスローガンで展開される「環境運動」は、一見「生産の縮小」を目的にしているように見える。だが、自由主義経済と対をなす共産主義経済でさえ「生産と消費」が組み込まれているのだ。「生産と消費」という文化を持つ限り人類に与えられた呪縛から逃れられるはずがない。

そこで生産活動で必ず生み出される「二酸化炭素」を「新たな生産物」と置き直し、その「新たな生産物」を消費するビジネスモデルを構築したということだ。

この構造は環境問題に通底している。すなわち環境問題とは既存の産業で排出されていたものを「新たな生産物」として「消費させる」ビジネスモデルの構築に過ぎないということになる。

それがどれほどの利益を生むのか――。その二酸化炭素回収ビジネスではすでに億万長者を生んでいる。それこそがビル・クリントン政権で副大統領を務めたアル・ゴア氏だ。

クリントン政権はトウモロコシなどを原料としたバイオエタノールの導入推進を国家戦略として位置づけた大統領令を発令。バイオ燃料を使ったクリーンディーゼルの開発などによって、バイオ燃料バブルが起こった。この政策推進の中心人物がゴア氏である。

2000年アメリカ大統領選に民主党代表として立候補し敗れたゴア氏は、政界から距離を置き、環境活動家として環境ビジネスへと進出する。

07年には環境活動についてノーベル平和賞を授与されたゴア氏だが、炭素取引市場、太陽光発電、バイオ燃料、電気自動車、持続可能な養殖、水なしトイレなどに投資をするファンドを立ち上げる。

09年11月にはイギリスの「デイリーテレグラフ」が、「アル・ゴアは世界で最初の炭素長者になった」(Al Gore could become world's first carbon billionaire)と題した記事を発表。00年の選挙敗北後に1２0万ポンド(約1億８000万円)だったゴア氏の資産は、「環境」によって、推定6000万ポンド(約90億円)にまでなったことが明らかになった。

全地球レベルでCO_2を「ゴミ認定」することは、莫大な利益を生む「ニュービジネス」の創造に過ぎないということが理解できるだろう。

SDGsとは産業構造の強制改編である

この構図はEVにおいても同様だ。EVの中核となるのはリチウムバッテリーだが、製造時の排出CO_2量をどれだけ走ればペイできるのかは常に議論になっている。製造排出量はバッテリー容量や製法で変わるので一律の算出は難しい。イギリスのオートカーのコラム「分析：電気自動車はどれだけ環境に優しいのですか？」（2019年5月10日）ではベルギーのリエージュ大学ダミアン・アーンスト教授が、こう結論付けている。

〈ヨーロッパの電力ネットワークの平均CO_2排出量を使用して、ヨーロッパ製の60kWhバッテリーを使用する電気自動車は、平均的なガソリン車よりも環境に優しくなるために約70万km移動する必要がある〉

現在の自動車メーカーが目指す一応のバッテリー耐久基準は「5年または10万km以内」だ。7回交換するとすれば、その分距離も伸びることになる。しかも70万km走るまで車を買い換えないことが条件だ。自動車の新車販売の経済モデルは崩壊することになる。

この先にバッテリー製造をゼロエミッション化することが可能かどうかは疑問だ。たとえCO_2を回収できても、バッテリー製造に利用するレアメタルの採掘も環境を汚染する要因になる。

熱を運動エネルギーに転換するのが石油を使った内燃機関だ。「省エネ」とは熱効率を上げることとなのだが、1970年代に約30％だった熱効率は約40年経っても約10％しか上がっていない。メーカーはHV（ハイブリッド）や過給器（ターボ）などを利用して50％を目標にしているのが現在だ。内燃機関の技術は成熟して、すでに「限界」が見えているのである。

翻って「機構が単純」とされる「ＥＶ」だがバッテリー、モーター、変速機などの効率的な「最適解」にたどり着いていない。「正解」が見えていない物の方が開発余地が大きいのは当然だ。それは「マネー」を集める格好の「材料」ということになる。

次から次へと「不可能な課題」が提供され「不可能な課題解決」のためには、さらなる「投資」が行われる。このように矛盾だらけでも自動車がＥＶ開発へと向かう動機は、その市場が「ニューエコノミー」だからだ。

環境カルト信者たちは「今は不可能だけど将来可能になる」と大声で叫ぶ。一方でニューエコノミーの開拓者は「不可能だからこそ莫大な投資ができる」とほくそ笑む。すでに横たわっている問題は、環境カルト信者たちの「善意の声」がかき消してくれるのだから、ニューエコノミストたちにとって、こんなありがたい存在はいない。

ＥＶが好例だが「環境問題」を解決する目的のためには、これまでの技術開発を停止して、問題解決のための新たな技術体系を構築しなければならない。これは産業構造の改変に他ならない。「ＳＤＧｓ」とは「環境問題」というイデオロギーを使った産業構造の強制改編だと私は考えている。

私も含めて投資家はマネーの前に冷徹だ。環境問題の偽善性を知りながら、生み出されるニュービジネスへと投資をするのだから。

第七章

健全な暴力に
健全な経済は宿る

日本の課題

最後の章では、これまでの流れを受けながら日本経済の問題点について考えてみたい。

コロナ禍が持続的に社会を破壊するということは、戦時の倫理が続くということだ。戦時において個々が自由に動けば混乱は拡大するだろう。マスクを付けない人は白い目で見られるのがわかりやすい例だ。社会全体は自由主義ではなく、全体主義の傾向が強くなるということになる。

すなわち政治の役割が大きくなるということで経済問題は政治の問題とリンクするということが導き出される。この観点に立って見ると、現在の日本経済には2つの問題点があると私は考えている。

1つは「暴力の保有」。もう1つが「出口」だ。

しかも米中のデカップリングは継続している。この2つを緊急に整備しなければ、日本はコロナ禍という「戦時」のなかで、米中という大国の緊張にすり潰《つぶ》されて養分となってしまうだろう。

経済発展と暴力保有は無関係であると誤解している人も多くいると思う。だがこの2つは実は密接に連動している。

まずは「暴力」の解説から始めていきたい。

強盗だらけの街にある銀行におカネを預けたがる人がいるだろうか。近所で泥棒の被害が出れば、新たな防犯装備を買うのは普通の感覚だ。にもかかわらず「防衛安全保障の強化」という「暴力」の問題になると、とたんに「否定」というステージで思考停止するのは、日本人の最も良くない習慣だと私は思う。

実際に「暴力」と「マネタイズ」を効率よく組み合わせて、世界一の経済大国として成長し続けているのがアメリカだ。

第二次世界大戦の戦地はヨーロッパと太平洋だ。当時は金（ゴールド）が貨幣の価値を担保する金本位制だった。戦火を逃れ、世界最強の米軍を保有していたアメリカに世界中の金が流れ着く。終戦末期の1944年7月に44カ国が参加した連合国通貨金融会議がアメリカで開かれ、ブレトン・ウッズ協定が締結され翌45年に発効した。

金本位制維持のため1ドル＝35オンスの金というルールができた。こうしてドル基軸体制ができあがり、今日まで続いている。

アメリカは「ドル」という世界唯一の利権を獲得したが、世界最強の「暴力」の開発投資を忘れなかった。

それこそが「原爆」である。

核開発に投資した金額は約20億ドルとされているが、現在の価値に換算すると約288億ドル（約3兆円）になるという。しかも日本の一般市民を相手に使用し、その威力を世界にアピールするという許しがたいことも平然と行った。

アメリカはたった3兆円の投資と、日本人への集団虐殺によって、今日まで続く「ドル＝暴力体制」、すなわち「M＝＄v」の構築に成功したということだ。

強調したいのは大戦が末期で勝利が確定的であるにもかかわらず、アメリカは国家戦略で戦後覇権の確立という「出口」を作り出していた点だ。

実はアメリカは世界で一番「出口」を作るスキルを持っている国だと私は考えている。

2021年11月4日のFOMCの結果、「利上げ」の据え置きを発表したことは前述した。ところがそのわずか4日後にはFOMCの委員が、22年末までに2回の利上げの実施に言及する。

実際にFOMC委員の発言以降、アメリカ市場の株価は下落傾向になった。ところがマネーの量自体は1ドルも回収されていないのだから、割安感が出てくれば再び株価は上昇する。こうして「利上げ」の延期と実施を交互にアナウンスすることでショックを市場に織り込ませて、「利上げ」による株価の連鎖的暴落を防ごうとしているのだ。

損をさせられることがわかっている相手に投資は行われない。アメリカに投資されたマネーの損失を少なくすれば、一時的に投資マネーが引き上げられても再びマネーは戻ってくる。

アメリカはすでに、コロナ禍の金融緩和の「出口」を作り上げているということだ。

戦争が「出口」のスキルを育む

アメリカが作る「出口」は金融だけに留まらない。

AT&T解体についてはは触れたが、その出口で勃興《ぼっこう》したのがインテル、マイクロソフト、Appleなどのシリコンバレー企業群だ。マイクロソフトはWindowsによって世界のOSを寡占したが、アメリカ政府は独占禁止法の適用を盾にマイクロソフトの一部事業を萎縮させた。その萎縮の出口で勃興したのがGAFAだ。

規制の外側で猛威をふるっていた暗号資産も、金融商品に組み込むという「出口」によって市場の支配下に置こうとしている。

共同富裕という「出口」に向けて三条紅線を行い、逆に混乱に陥っている中国とは対照的ではないか。損失の原因が中国共産党の意図という不確定な市場であることも露見した。中国から逃げ出したマネーが、もう一度、中国市場へと帰っていくかは不透明だ。

なぜアメリカの「出口」創造スキルは突出しているのか――それはアメリカが世界で一番「戦争」を行っている国だからだ。

戦争とは憎悪による暴力行為ではない。相手の領土、領海や経済圏などを「暴力」によって奪い取る経済活動だ。戦争の話になると、

「戦争は悲惨だからいけない」

と、挨拶代わりに主張する人がいるが、それは表層しかみていない薄っぺらい個人的な感想に過ぎない。戦争が悲惨なのは「たかがゼニカネ」のために「人の命」が蹂躙《じゅうりん》されるところにある。だからこそ「避けるべき」なのだ。

ベトナム戦争は「アメリカの敗戦」とされているが、はたしてそう言い切れるだろうか。アメリカが撤退したことで、ベトナムには役人の汚職と貧困が蔓延《まんえん》した。1986年の「ドイモイ」という開放政策によって社会主義の呪縛《じゅばく》から解放され、ようやく経済発展ができるようになったのだ。

アメリカがベトナム戦争に参戦した理由は「アジアの赤化抑止」だったが、その本当の意味は、「アジアでのアメリカ経済圏の構築」だ。

投資が損失に傾いた時、優れた投資家が行うのが、損失を確定させる「損切り」だ。

「損切り」を行うことで、新たな投資へと向かうことができる。

ベトナムで流した血の量と得られる果実の大きさを比べた時、当時のアジアはまだ大きな果実を与えてくれる市場ではなかった。そこでアメリカは「撤退」という「損切り」をしたということだ。

実際にドイモイ後にアメリカはベトナムと急接近し、積極的に投資を行っているのだ。あのまま力で押し切ってもアフガニスタンのような出口のない状態になった可能性は高い。1973年の撤退は「出口」として成立したという評価は成立するだろう。

暴力団は「暴力」によって他組織の利益を収奪する。ただし「ケンカ」において重要なのは「終わらせ方」だ。

暴力が破壊活動だけに向かえば、得るべき利益まで破壊してしまう。この拡大版である国家による「ケンカ」、戦争は経済行為なのだから、相手の国を完全に破壊することはナンセンスということになる。最小限の破壊で、最大限の利益を得ることこそ、戦争という経済行為の「うま味」なのだ。

「戦争」は常に「出口」を作りながら行わなければ、経済活動として成立しない。だからこそ「破壊」しかもたらさない暴力行為は「テロ」と呼ばれ、「戦争」と区別されているのだ。

世界で一番、戦争をしているアメリカは、世界で一番「出口」を作るスキルが高いと私が主張する理由は理解できたと思う。

日本には「出口」が作れない

私の仮説を証明するための対照的なサンプルが「日本」だ。

最近行われた最も顕著な「出口なし」の愚策の1つが、環境大臣を務めていた小泉進次郎氏が2020年7月から行った「レジ袋有料化」である。

この政策は事実上のレジ袋撤廃だ。すなわちレジ袋を生産、輸入、廃棄するなどの産業を縮小化させる効果しかもたらさないということになる。

もしレジ袋を撤廃するのであれば、環境負荷を与えないレジ袋開発への投資という「出口」を作らなければ経済効果はマイナスにしかならない。イーロン・マスク氏は二酸化炭素回収市場創造のために「炭素税」の創設を提案している。レジ袋を単に有料化するのではなく「炭素税」として徴収。そのマネーを「炭素回収市場」の開発に回せる構造を作れば経済効果が成立するのだ。あるいは廃棄しても分解できてコストも安いビニール生産の開発に投資すれば、このジャンルで日本は一段抜け出せることになる。

ところが小泉進次郎氏は、２０２０年7月29日放送の「プライムニュース」（ＢＳフジ）でレジ袋有料化の理由を、

「なぜプラスチック素材が世界中の問題となって取り組まれているのか、そこに問題意識を持って一人ひとりが始められる行動につなげてもらいたい」

と力説した。当たり前だが「意識」は何の経済効果にもならない。２０２１年10月５日に環境庁を退庁する際に目を潤ませたことが報じられたが、小泉氏の「涙」が有権者に一文の利益も与えないことはいうまでもない。

デフレが日銀の出口を考えない総量規制によって始まったことは解説したが、これを「失策」と呼ぶことに私は強い違和感を覚えている。日銀はデフレ下でもインフレ対策を継続したばかりか、物価が上昇しないのは金融ではない別な要因として金融政策を持続し続けたのだ。もしこの理由が正しいのなら、ＦＲＢによるインフレコントロールをどう説明するのか。

つまり日銀は「出口」など最初から考えていなかったということだ。

したがって日銀が行っていたのは、日本経済に対する「金融テロ」であり、小泉氏の「レジ袋」は「環境テロ」と呼ぶべきではないか。経済効果を伴わない制度変更は、破壊しかもたらさない「テロ」と同様なのだから。

出口を作った政治家

かつて日本は「出口」を作る国だった。例えば「軽自動車」を国民車とした構想は、自動車の開発技術を「ダウンサイジング」に向ける出口になった。ダウンサイジング技術を発達させたおかげで、オイル・ショック時に、ガソリンエンジンの高効率化やボディの軽量化を実現している。「半導体」開発においては「産業のコメ」という出口を作り、官民挙げて世界一のシェアを奪うまで成長させた。

朝鮮特需やベトナム特需といった「運」もあったが、その「運」をマネーに変えたのが「出口」の創造だ。その結実が、高度経済成長期からの持続的成長だった。

プラザ合意とルーブル合意によって訪れた円高不況には、低金利政策によりマネーの流れを内需に向かわせることで経済をバブル化させることに成功した。

第二次世界大戦に近ければ近いほど「出口」が生まれた理由は、戦争という暴力のるつぼを直接体験した世代が多かったからだと私は考えている。アメリカによる資産凍結や石油の禁輸によって、日本は戦争に出口を求めた。連合国軍という強大な暴力にさらされる経験をした世代は「出口」の重要性を理解していたとしか私には思えない。

日米安全保障条約を結んだことで日本は「暴力」の大部分を米軍に委ね、暴力経験世代も少なくなっていった。「暴力」から距離を置いた日本の政治が出口を作れなくなるのは当然だ。しかも有権者である日本人は高等教育を受け、たとえ出口などなくても文句も言わずに働いてくれる。

例えば消費税は少子高齢化による社会保障費の負担として導入された。ウラを返せば、少子高齢化の出口を作らなかったことが導入の原因だ。

結婚をするということは離婚リスクを背負うということである。ところが離婚した父親が支払う養育費には税制の控除がない。こうなれば離婚リスクを拾うより、独りでいた方が安全ということにたどり着く。かつては大家族で祖父、祖母が子供の面倒をみてくれたが、高度経済成長期に核家族化が進む。保育施設の整備や、税制優遇による保育士の増加、子育て用の労働環境は同時に整備されなければならなかったはずだ。

こうした出口を一切作られないまま消費税が導入されても、日本の有権者は暴動も起こさず、黙々と消費税を支払い続けているのだ。政治家にとってこんな楽な有権者はいないといえるだろう。

小泉進次郎氏は戦争から遠い時代の日本の政治家の象徴ということだが、全員が全員「進次郎先生」になったわけではない。戦争経験世代がほぼいなくなった2000年以降に「出口」を作る数少ない政治家が2人いると私は考えている。

その1人が総理時代の麻生太郎氏だ。

リーマン・ショックという未曾有の事態にあって、巨額の財政出動という経済危機の「出口」を作った。また総支給額1兆9367億円の定額給付金を決定。預金としてプールされないよう、エコポイントを利用して市場にマネーが流れる「消費」の出口も作った。

もう1人が第二次安倍政権の総理、安倍晋三氏だ。デフレ経済下で粛々とインフレ政策を続けてきた日銀を、総裁の交代によって転換。異次元の金融緩和でデフレの出口を作ろうとした。

日銀が刷ったマネーは民間銀行に供給され、融資という形で市場に流れるはずだった。ところが民主党政権時代の超円高放置政策などによって、サプライチェーンが海外に流出。設備投資という需要を喪失したことで、刷ったマネーの出口が塞がれてしまっていたのだ。

2021年9月の自民党総裁選出馬にあたって、このアベノミクスの積み残しの解決を打ち出したのが、岸田政権で自民党政調会長を務める高市早苗氏である。アベノミクスが「金融緩和」を行ったが、高市氏の「サナエノミクス」は「緊急時の機動的な財政出動」

「大胆な危機管理投資・成長投資」として、財政出動に大きなウエイトが割かれている。岸田政権で「成長と分配」が主要政策として打ち出されているのは、刷ったマネーの出口を作ろうということである。

麻生氏、安倍氏に共通しているのは外交・安全保障に精通している点だ。麻生氏は価値観外交という概念を作ったが、これを安倍氏が継承、発展させて「QUAD」の創設にこぎ着けた。安倍氏はまた武器輸出三原則の見直しを行い、自衛隊しか納入先がなかった防衛産業が、国際社会でマネタイズできるように出口を作っている。

安全保障とはすなわち「暴力」である。「暴力」という棍棒《こんぼう》があるからこそ、外交という交渉によって安全保障が成立するのだ。麻生・安倍氏の2人が「出口」を作れるのも、日本で「暴力の本質」を理解している数少ない政治家だからだと私は評価している。

暴力とはコントロールされなければならない

誤解してはならないのが核兵器以前と、以降とでは暴力の在り方が違うことだ。使用国を破壊するリスクのある強大な暴力の登場によって核保有国同士の侵略戦争は、事実上不可能になった。核が開発されて以降の暴力は「行使」を目的としたものではなく、「制御」

を前提としたものでなければならなくなったということだ。

すなわち「暴力の本質」とは「暴力の制御」だということになる。

たとえば「ＱＵＡＤ」がそれだ。第二次安倍政権では過半数を維持していたのだから、より大きな軍備増強もできたはずだ。にもかかわらずＱＵＡＤという「経済連携の枠組み」を作った。「暴力」を背景にした「外交」によって安全保障を成立させたという意味でも、「暴力の近代的利用」が行われたと評価できるだろう。

ところが日本では暴力の在り方を変えなければならない事態になっている。

『暴力が支配する一触即発の世界経済』（ビジネス社）でも書いたが、台湾と中国の戦争リスクは上がる一方だ。２０２２年秋に習近平氏が３期目を続投することが確実だが、４期目を狙《ねら》う手土産としているのが両岸問題の解決だ。

中国流の「解決」が「暴力的な台湾の統治」であることは言うまでもない。

台湾を中国に落とされてしまえば、アメリカの影響力はハワイまで後退することになる。太平洋の半分という巨大権益をアメリカが易々と譲渡するとは到底思えない。

また台湾の問題は、日本の問題そのものだ。

中国が台湾を落とすということは、台湾からわずか１７０キロの距離にある尖閣諸島は中国の防衛圏の中に入ってしまうということだ。目と鼻の先に日米安全保障条約の対象が残ることは、中国にとって強大なリスクになる。中国が台湾を支配下に治めるということは、尖閣諸島なども同時に手に入れるということだ。

現在のところ、尖閣諸島は人が住んでいない岩である。地政学的な重要拠点とはいえ、アメリカの有権者が「岩」を防衛するために米兵が死ぬことを了承するとは考えにくい。日本が安全保障のための暴力を拡充して整備することは、実は喫緊の課題なのだ。

だが暴力の増強と整備は、日本経済にとっても鍵だということに気がついていない人はあまりにも多い印象だ。安全保障が整備されていない国で戦争リスクが高まれば外国資本は一気に逃げていく。冷戦構造下の西ドイツは核共有という形で事実上の核保有を行ったが、安全保障を構築したことで持続的に発展することができたのだ。

２０２１年10月31日に行われた衆議院選挙で自民党は、

「GDP比２％以上も念頭に増額を目指す」

ことを公約にしたのも日本周辺の暴力地図が変わったことに対する対応のためだ。単独過半数を確保したということは、この公約も受け入れられたはずだ。ところが、多くの有権者はこの暴力整備政策の重要性を認識しておらず、抱き合わせ公約のように考えている印象だ。それどころか、危険な政策だと報じられてさえいる。当の岸田総理でさえ、この公約について問われると、

「いきなり次の予算うんぬんというより、まずは議論をしっかり行うところから始めなければならない」

というのだ。私には不安しか感じない。

この公約の実現には有権者の皆さんが「暴力」に対する知識を共有することが必要だ。少なくとも、そのことは皆さんの経済を守ることだと認識してほしい。暴力の危険性は暴力が暴走する点にある。暴走させずに制御する主体は、有権者の皆さんであることは前述した。今までの倍以上の暴力を保有するということは、暴力の暴発リスクもそれだけ高くなるということだ。すなわち皆さんの「役割」も大きくなるということになる。

私は暴力保有の肯定者でありながら、民主主義の信奉者である。「暴力を保有しない」という選択も立派な暴力制御の形で、選挙で「暴力放棄」が選択されれば、そのことを尊重するだろう。もちろん尊重することと批判しないことは別ではあるが。

こうした危機的な状況であるにもかかわらず有権者の意思表示の場「選挙」の投票率が、恒常的に低すぎることは大きな問題だ。

東京都を1つの国と考えた時のGDPは実に9881億ドルで、サウジアラビアやオランダより上の世界17位だ。ところが2021年7月4日に投開票が行われた東京都議選の投票率は過去2番目に低い42・39％となった。そのおかげで、無免許運転で人身事故を起こした犯罪者が当選し、2021年11月10日現在も都議として居座っているのだから、投票の権利を放棄した人間の責任は重い。

また21年10月31日の衆院選最終投票率も戦後3番目に低い55・93%だ。「戦時」にあって、この投票率が健全だとは到底評価できない。

2022年には参院選が行われるのだ。選挙に行くことは義務だと考えるべきである。

投資環境の整備

ここまで述べたようにアメリカでは続々とニュービジネスが起こっている。一方の日本では、その気配がない。日米で経済政策の差が生まれるのは、投資環境の差に尽きると私は考えている。

日本では「バブル」という経済状況について、「良くない」というイメージを持つ人が多い。80年代バブルが崩壊した後、「失われた時代」が続いていることが原因だと私は思う。しかし皆さんに考えてほしいのは「バブル」が、本当に困った時代だったのかという点だ。というのは「バブル」を冷静に評価できなければ「ニュービジネス」どころか、「イノベーション」さえ生まれないからだ。

「バブル」とは新たな価値観を生み出す出発点だと私は考えている。

ノーベル賞は10月に発表されるが、特に2000年以降は、ほぼ毎年のように日本人の名前が候補者か受賞者に挙がる理由を考えたことがあるだろうか。

この原因は80年代バブルにある。

戦後、日本はアメリカの開発した技術に、独自の品質管理能力を付与することで技術大国になっていった。経済発展の勢いがアメリカに追いつきそうになった時、アメリカで日本バッシングが始まる。その時アメリカが日本に突きつけた課題の1つが、アメリカ産技術の「タダ乗り」の停止だった。

もちろん日本に「ノー」と言えるはずがない。というのも、安全保障の暴力を在日米軍に依存していたからである。アメリカは対日貿易赤字が累積するたびに、日本に譲歩を求めた。日米自動車協議や、日米半導体交渉などで強力なカードになったのが「在日米軍の撤退」だったのだ。

そこで当時の通産省が主導する形で、80年代バブルで余ったマネーが基礎技術研究に再投資されるようになった。その後、その時の研究成果を海外に移転し、中国などに日本産技術が「タダ乗り」されたことで中国は日本の工場となっていったのである。

この80年代のバブルマネーが科学技術に投資された結果が、00年以降のノーベル賞の量

1980年からの日経平均とダウ平均比較

日経平均株価	29,106.78	＋5,037.60	↑20.93%
ダウ平均株価	36,220.83	＋35,364.95	↑4,132.00%

出所：Google Finance より

産だ。

経済回復が議論になるたびに「イノベーション」の発生が求められる。だが「イノベーション」の苗床であるバブルを恐れる国にイノベーションなど起こるはずがない。

実際に90年代末からのＩＴバブルでは流通革命、情報革命が起こった。だが日本国内のＥＣビジネスは外資系企業のＡｍａｚｏｎに大きなシェアを奪われ、情報プラットフォームもＧＡＦＡが寡占しているではないか。

なぜアメリカがバブルを恐れないのか、その原因も「暴力」にある。というのはアメリカは「国家暴力」によってバブルをコントロールするからだ。ＡＴ＆

Tやマイクロソフトに対して「独占禁止法」を利用して、解体、あるいは事業縮小を促したことは繰り返し書いた。

アメリカは国家が主体になって、積極的に資本の再移転を行うということだ。

1980年からのダウ平均と日経平均の成長率を比較するとダウ平均が、日経平均の成長率が20・93％に対して、ダウ平均株価は4132・00％も伸びている。（前ページの表「1980年からの日経平均とダウ平均比較」）。

株価ではなく伸び率なのだから、この日米の差は経済力の差ではない。資本の再転換に際して「暴力」を効果的に使えたか、使えなかったかの差である。

新型コロナウイルス感染拡大の抑止政策で、日本の私権制限の脆弱《ぜいじゃく》性が露呈したことが象徴するように、日本は「暴力」から逃げることだけを続けてきた。

コロナバブルが「ニュービジネス」と「イノベーション」を産む重要なチャンスであることは理解できたと思う。だがこのまま暴力から逃げていては、日本は今回のバブルの果実を得られないということになる。

立憲民主党「躍進」の異常性

アメリカは成長のために暴力行使を厭《いと》わないばかりか、日々、暴力を時代に合わせてソフィスティケート（洗練）させている。中央銀行にあたるＦＲＢが利上げをアナウンスによって折り込みながら、難題のソフトランディングに挑むのも暴力性の表れである。日本がさらなる経済発展を遂げ持続的成長を得るには、国家暴力を近代化させ、有効的に行使する法整備が必要だ。

その条件となるのが「憲法改正」である。

この国家暴力近代化の動きに反対しているのが「左翼」と呼ばれる人たちだ。２０２１年10月31日の衆院選では「左派勢力」として日本共産党と立憲民主党が選挙協力を行い「立憲共産党」として自民党に挑んだ。

開票によって立憲民主党は改選前議席の１０９から14減らした96議席を獲得、日本共産党は改選前の2減らした10議席を獲得した。メディアはこの議席減を立憲民主党の「敗北」としていて、21年11月12日には同党代表の枝野幸男氏が責任を取って辞任した。

だが、私はこの「敗北」という評価に強い違和感を持っている。

コロナ禍が経済的ダメージをもたらしたことは皆さんの知るところだ。また、ここまでの解説でコロナ禍が持続的に社会を破壊すること、さらにコロナバブルがイノベーションの苗床になっていることも導き出した。

政治は公共の福祉のためにある。有権者の利益を考えれば、選挙の争点は「コロナ禍」の対応に尽きるはずだ。

ところが立憲民主党の公約には、安倍氏が総理時代に便宜を図ったと一部メディアが報じた森友学園と加計学園を巡る「モリカケ問題の解明」、さらには安倍氏が予算を私的に使ったと一部メディアが報じた「桜を見る会問題の解明」が入っていたのだ。

そもそもなのだが国会は「公共の福祉」のための政策を議論、精査するための機関であって、事件捜査の機関ではない。立憲民主党がそれほど「モリ・カケ・桜」の真相解明をしたいのであれば、証拠を揃えて検察庁に提出すれば済むだけの話だ。立憲民主党の公約は、立法府に司法権限を持たせるという意味では、三権分立を否定する行為ということになる。

このように整理していけば、コロナ禍の選挙で「モリ・カケ・桜」を公約にするのは正気の沙汰《さた》ではないということが導き出せるだろう。ましてや立憲民主党は、選挙の勝利だけを目的に、根本的に政治スタンスが違う日本共産党と組んだのだ。これは立憲民主党の支持者に対するテロ行為でしかない。

ということで、立憲民主党が1議席でも取れば大勝利というのが、選挙前の私の印象だ。しかし、この異常な思考回路を持つ組織が96議席も獲得しているのだ。惨敗どころか大躍進と言えるだろう。

コロナ禍を生き抜かなければならない難局にあって、「公共の福祉」について合理的な判断ができない有権者が、それだけいるということでもあるのだから絶望的な気持ちにさえなる。

アメリカは共和党、民主党とも、「アメリカの成長のための暴力行使」という意味では一致しているのだ。二大政党制でありながら一枚岩の「暴力性」を維持していることこそが、アメリカ経済の最大のストロングポイントである。立憲共産党の「大躍進」は、私にアメリカの再評価をさせることになった。

暴力と寵児の明暗

そのアメリカ経済で、現在群を抜いて躍進しているのが、本書でも頻繁に登場するイーロン・マスク氏である。2021年9月27日には、推定保有資産が2034億ドル（約22

兆6250億円）となり、世界一の富豪になった。この時点での2位はAmazonの創業者、ジェフ・ベソス氏だ。

ベソス氏が2021年7月にAmazonのCEOを退任しているのに対して、マスク氏は現在でも一線で活動する経営者だ。Amazonの収益拡大は巣ごもり需要によるところが大きいが、マスク氏はコロナバブルにおける「ニュービジネス」を効果的に利用した。私がマスク氏を評価するのはその点にある。

シリコンバレーにはリバタリアニズムと加速主義が蔓延しているが、マスク氏は徹底したリアリストという印象だ。テスラ社の将来像がそれを示している。

現在はEVの代名詞となったテスラだが、すでにバッテリーの自社開発へとステージを進めている。解説したようにEVは長距離を走らせなければガソリン車の環境負荷を超えられないのだから、新車の生産と販売はいずれ頭打ちになる。テスラは、そのことが理解できているから消耗品のバッテリーを大量生産する「出口」を構築した。ボリウムディスカウントによって「ニューエコノミー」化けするバッテリー・マーケットの寡占を狙っているということだ。

再生可能エネルギーは出力が不安定なことから、工業生産にも家庭の使用にも一切向かない。そこでキーになるのが蓄電装置だ。

すでにテスラ社はエネルギー貯蔵事業に進出している。２０２１年7月には太陽光発電・蓄電部門の売り上げが8億１００万ドル（約８８2億６０００万円）であることが発表された。テスラ全体の売り上げ１２０億ドルから比べれば、非常に小さい。だが、前年同月比１１６％で、前四半期比で１６２％と順調な伸びを見せている。イーロン氏は次の出口を作り出しているということだ。

一連の経営戦略は、ＥＶや再生エネルギーが「環境に優しい」という幻想に、イーロン氏が囚われていないという証左だ。「環境」をニュービジネスとして考える冷静で合理的な思考がなければ、このような「出口」は作り出せない。だからこそ環境負荷の大きなバッテリー市場の寡占を図れるのである。

テスラはいずれバッテリーの専門メーカーに業種変更をするのではないかと私は考えている。

テスラのバッテリーはパナソニックも供給している。小型バッテリーの最先端技術を持っていたのは三洋だったが、三洋の買収によってパナソニックはバッテリー技術を大きく成長させた。

このように優れたバッテリー開発技術を持っていた日本だが、残念ながらテスラは生まれていない。

２０２１年６月11日には、自民党に「未来社会を創出する、バッテリー等の基盤産業振興議員連盟」が発足する。会長が衆議院議員の甘利明氏、顧問は安倍晋三氏だ。環境というニュービジネスのキーが「バッテリー」であることを理解している政治家がいたということだ。与党に先駆けてこうした議連を作り、法整備を働きかけるのが正しい野党の在り方だ。立憲共産党に期待するのは無理というものだが。

実は日本にはイーロン氏に匹敵する天才的な経営者がいると私は考えている。その一人が、ホリエモンこと堀江貴文氏だ。ナショナルブランドに頼らず宇宙開発を独自で目指す姿勢は賞賛に値する。

だが投資環境の整備されていない日本ではイーロン氏のスペースXに追いつくことなど到底不可能だ。堀江氏がアメリカでキャリアスタートしていれば、イーロン氏やジェフ・ベソス氏に並ぶ企業家になったことは間違いない。

日本経済における堀江氏の在り方には、日本経済の良い点と悪い点が集約していると私は考えている。

堀江氏が日本経済界から洗礼を受けたのは、２００４年のプロ野球再編問題だ。大阪近鉄バッファローズとオリックス・ブルーウエーブが合併を画策していることが表面化。ダイエーの経営危機から球団維持が難しくなったことと合わさり、２リーグから１リーグへの再編が模索された。

堀江氏はライブドアによる近鉄買収に手を挙げたものの、楽天がバッファローズを、ソフトバンクがホークスを手に入れ現在に至っている。

日本の球団は、日本のレガシー企業の支配下にあった。すなわち日本経済界の縮図だ。堀江氏が選ばれなかった理由は、当時読売巨人軍のオーナーだった「球界のドン」渡邉恒夫氏への挨拶を怠ったことだったと本人が明かしている。

ドンへの服従によって人間性が計られてしまうことを「古い体質だ」として、否定的にみる人は多いだろう。

Ａｍａｚｏｎは労働者を厳しく管理する。その過酷な労働環境は、世界中で問題になっているが、背景にあるのはジェフ・ベソス氏の「人間は元々怠惰に向かう生き物である」という考え方だ。

旧態依然の参入障壁があるからこそ、日本ではめちゃくちゃな経営者は生まれないということだ。逆説的に日本ではイーロン・マスク氏が生まれないということでもある。

発展ということを考えれば安全を優先する経営構造のなかに、暴力的な経営構造をどのように組み入れていくのかは、日本財界に突きつけられている問題なのだ。

２０２１年11月8日に経団連は「提言」と称して、空港検疫の簡素化を政府に要求した。いまだ未解明な新型コロナウイルスの変異種がアウトブレイクした時、たかが民間企業が、憲法で保障されている国民の生命の安全に口を出す立場にはない。もっと現実的に考えれば、票田にならない人たちの意見を与党が聞くわけがない。

こんなナンセンスなパフォーマンスをするよりは堀江氏のような「規格外」の「天才」が現れた時、どのように財界に組み込むのかを経団連は真剣に考えるべきだと私は思う。

豊かさとは何か

世界一のおカネ持ちを例にして日本経済の問題点を整理したが、皆さんには「豊かさ」について考えてもらいたい。

というのもおカネを持つことが「豊か」であると誤解している人があまりにも多いからだ。私の居住環境を例に解説したい。

私が2年住んだ渋谷区代官山から、港区六本木に引っ越しをしたのは21年10月のことだ。六本木といえば新宿歌舞伎町以上に地下社会の住民がひしめいているイメージを持つ人も多いと思う。だが、それは六本木ヒルズがある六本木通りの南側の話で、北側は古い住宅が並び古くから住む人も多くいる。大使館が近くにあることから警戒も厳重だ。何かあれば警察どころか米兵がヘリで飛んでくるのだから、これ以上、安全な地域はない。

私がヒルズや六本木ミッドタウンに住まないことを不思議に思う人もいるかもしれない。だが私は、あの種の建物に住んでいる人々の大半を、スターバックスでパソコンを広げている人々同様に嫌悪している。

その理由は「豊か」からかけ離れているからだ。

ヒルズやミッドタウンに住むために必要なのは、仲介企業に対する与信能力だ。その与信能力はおカネで作り出すことができる。おカネでどうにかなるからこそ、一般の住宅に住めない人たちが集まるのだ。

同様のことはアメックスの「ブラックカード」にも当てはまる。「アメブラ」をセレブの象徴だと履き違えている人がいるが、大きな誤解だ。普通のクレジットカードが与信によって審査されるのに対して、アメブラは所有者の紹介が大きく機能する。普通のカードの与信に通らない地下経済の住民でも、紹介者さえいれば「アメブラ」は持つことができるのだ。

だから私はヒルズやミッドタウンに住んでいる人や、アメブラを持っている人とビジネスをする時には、「構え」すなわち警戒する姿勢を一段高くすることにしている。

実は本当の富裕層はクレジットカードを持たない。財布のなかの現金も数万円だ。というのもすべて「顔」で支払うことができるので必要がないからだ。ガソリンスタンドでも商店でも、後で集金に来てくれる。デパートは渉外担当が向こうから自宅に商品を運んで、自由に選ばせてくれるのだ。レアと呼ばれる新型自動車もディーラーが優先的に発売を伝えてくれる。

資産を外に持ち出す必要などなく、家にさえあればいいのだ。

エルメスのバーキンは、一般の人にとっては入手困難なセレブの象徴にみえるだろう。だがエルメスは優良な顧客に、優先的にバーキンを見せ、顧客は気に入ったら買う。商品棚に並んでいるバーキンは、エルメスが「本当のお客さま」と考えている人たちが選ばなかった「バーキン」である。

だから私は、自慢げにバーキンをぶら下げて歩く水商売風の女性を見ると、「頑張り過ぎているな」と感動さえしてしまう。本当の意味でのバーキンを所有する富裕層など極々少数しかいない上、「歩く」という必要性もほとんどないからだ。

そうした富裕層の大部分は一代で財を成したのではなく、代々富裕層の家系に生まれている。大部分の人が、この層の持つ「豊かさ」を手に入れるのは不可能だ。また、生まれながらにしておカネに囲まれて生きている人たちが、「豊かさ」に高揚感を持っているかも疑問だ。喜びとは「ない」ものを「得た」時に訪れる感情だ。あらかじめ「富」に囲まれている人が、「豊かさ」を実感することはないからだ。

「豊かさ」とは非常にシンプルで自分が生きやすい生活の実現だ。「猫」である私の場合は「自由」であること。したがって、おカネは最高の自由を得るためのツールに過ぎない。

もう1つの私の「豊かさ」は仕事だ。投資家は常に冷静な客観性を持っていなければならない。一方で人間はエラーをし、怠惰を選ぶ傾向がある。だから私は自分に「暴力」を課している。エラーをした時には徹底的に自己を批判し、日常生活を常にルーティン化するということだ。

自らに暴力を課すために必要なのは「孤独」になれる環境だ。

経済状況とともに街は常に変化する。その変化の側にいなければ、時代から取り残されるという危機感が常にある。だから慣れつつあった街を離れて変化に富んだ環境に身を置き「孤独」を得たということだ。

皆さんにも皆さんごとに「生きやすい生活」があるはずだ。その実現のためにマネーはなければならない。コロナ禍が持続的に世界構造を破壊するということは、「豊かさ」を得る土台となるマネーも変容するということだ。

私は「豊かさ」の獲得のために暴力の保有が必要であると考えている。国家が暴力を健全に保有するためには、皆さんが「暴力」を知らなければならない。

そのことがニューエコノミーの時代で皆さんの「豊かさ」を生み出す第一歩だと私は確信している。

おわりに

まずは本書を買ってくれた読者の皆さん、そして制作に関わったすべての皆さんに満腔の感謝を送りたい。

日本の政治、経済が失敗する原因は「出口」がないことが理解できたと思う。

２０２１年10月31日の衆院選で自民党は「防衛予算２％」を掲げた。本来、この「防衛予算２％」はグローバリズムを受け入れた時代にセットで実現されなければならなかったことだ。

朝日新聞、毎日新聞に代表されるリベラルメディアはグローバリズムを歓迎していた。その一方で、日本が暴力を保有することについては、「異常」ともいえる頑なさで批判し続けている。政治も、そうした世論に影響された有権者の「ウケ」を狙って、暴力保有の問題から逃げ続けて来た。

防壁を持たずに海外の価値観のなかに放り投げられれば、強い暴力を持った国家に揺らされるのは自明の理で、中国が日本を揺さぶるのは当然の帰結ということだ。

「防衛費2％」は置き去りにしてきた問題に、ようやく小さな一歩を記したに過ぎない。

こうなった責任の一端はリベラルメディアにもある。こうしたメディアは変わらない論調で「防衛費2％」の攻撃に入っている。今日の日本を困窮させた原因となった論調を信じてはならないと私は考えている。

東日本大震災から続いた自然災害を経て日本人のなかで「自衛隊」の在り方は決定的に変容した。というのもアフガニスタンから邦人を脱出させるオペレーションに自衛隊機を投入した際、批判どころか「遅すぎる」という声さえあったからだ。

有権者の皆さんはメディアの定める「暴力の価値」に左右されることなく、合理的に新たな暴力保有について判断してほしい。

暴力がなければ日本は沈没するというのが私の主張だ。

日本の政治、経済に出口がないことは、すでに「環境問題」でも起こっている。資源のない日本が「環境」をニュービジネス化するためには、環境負荷の小さい原子力発電所がなければ不可能だ。環境問題をクリアしながら、原発を否定することなど、太陽を西から昇らせるのと同じことだ。日本政府は核融合炉の開発投資を行っているが、実現までにはまだ多くの時間が必要だ。

すでに世界は「環境」というニュービジネスに動き始めているのだ。原発を再稼働させるという「出口」なくして、ゼロエミッションを成長産業にすることはできない。

先進国の新型コロナウイルス感染緩和による急激な需要増でエネルギーの高騰は続く傾向にある。

こうした状況を合わせれば２０２２年は原発の本格再稼働が議論されなければならない。

21年10月の衆院選では立憲共産党の大躍進という不幸な事態も起こったものの、自民党を含めた改憲勢力が定数の3分の2を超えるという僥倖《ぎょうこう》がもたらされた。総理の岸田氏は、同年11月10日の記者会見で、

「今回の総選挙の結果を踏まえ、党是である憲法改正を進めるため、党内の体制を強化する」

と表明している。

再び日本人が健全な暴力を保有し、制御するチャンスが訪れたのだ。そのことが皆さんの生活に直結することは、解説した通りだ。

皆さんが新資本主義の時代を生き抜くばかりか、「豊かさ」を手に入れる一助になればというのが本書を書いた私の希望である。

猫組長こと菅原潮

●著者略歴
猫組長（ねこくみちょう）
1964年生まれ。兵庫県神戸市出身。元山口組系組長。評論家。本名、菅原潮。大学中退後、不動産会社に入社し、のち投資顧問会社へ移籍。バブルの波に乗って順調に稼ぐも、バブル崩壊で大きな借金を抱える。この時、債権者の１人であった山口組系組長を頼ったことでヤクザ人生が始まり、インサイダー取引を経験。石油取引を通じて国際金融の知識とスキルを得る。現在は引退して執筆活動などを行う。
著書に『カルト化するマネーの新世界』『ダークサイド投資術』（いずれも講談社＋α新書）、『金融ダークサイド』（講談社）、『暴力が支配する一触即発の世界経済』（ビジネス社）、『アンダー・プロトコル』（徳間書店）など多数

金融破綻や貧困をビジネスチャンスに変える　黒い経済白書

2021年12月10日　　第１刷発行

著　者　猫組長（菅原潮）
発行者　唐津　隆
発行所　株式会社ビジネス社
〒162-0805　東京都新宿区矢来町114番地
神楽坂高橋ビル５階
電話 03(5227)1602　FAX 03(5227)1603
http://www.business-sha.co.jp

カバー印刷・本文印刷・製本／半七写真印刷工業株式会社
〈カバーデザイン〉大谷昌稔
〈本文DTP〉有限会社メディアネット
〈編集担当〉佐藤春生　〈営業担当〉山口健志

ISBN978-4-8284-2354-8

ビジネス社の本

WORLD RESET 2021 大暴落にむかう世界

宮崎正弘……著

定価　本体1650円(税込)
ISBN978-4-8284-2283-1

再編する世界勢力図を読みとく！

大分裂するアメリカ
大停滞する中国
この危機が日本を覚醒させる

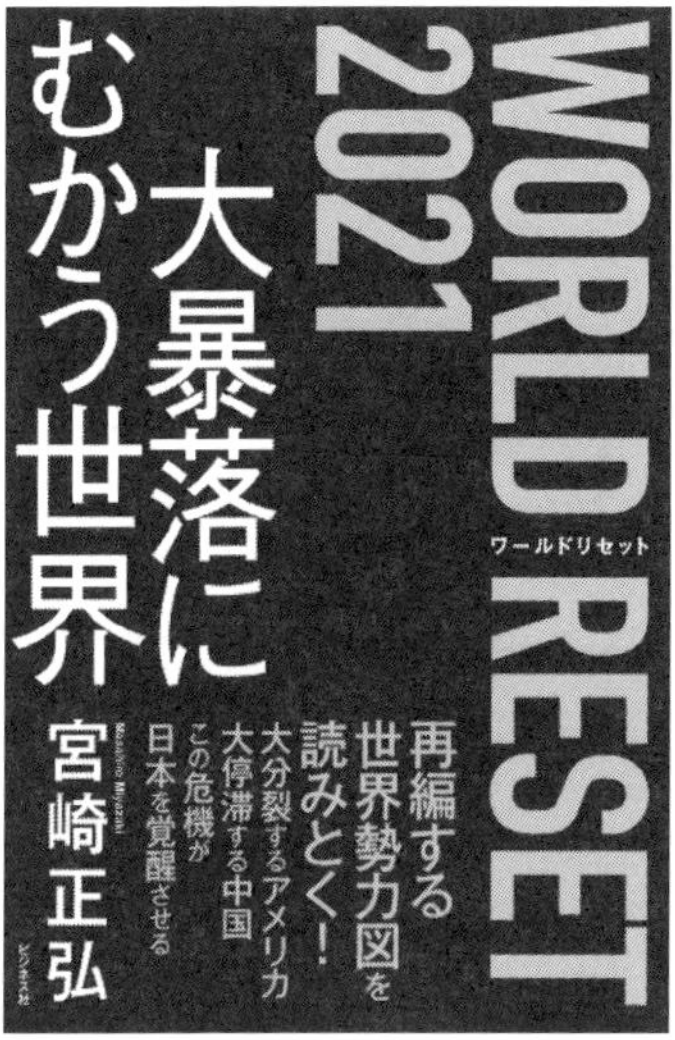

本書の内容

第一章　欲望と貯蓄のマグマが爆発する
第二章　バイデンのアメリカは衰退へ
第三章　国際政治の同盟関係が組み替わる
第四章　ＧＡＦＡの落日が始まった
第五章　中国経済は砂上の楼閣
第六章　日本再生への道のり